Como corrigir
redações na escola

Conselho Acadêmico
Ataliba Teixeira de Castilho
Carlos Eduardo Lins da Silva
Carlos Fico
Jaime Cordeiro
José Luiz Fiorin
Tania Regina de Luca

Proibida a reprodução total ou parcial em qualquer mídia
sem a autorização escrita da editora.
Os infratores estão sujeitos às penas da lei.

A Editora não é responsável pelo conteúdo deste livro.
A Autora conhece os fatos narrados, pelos quais é responsável,
assim como se responsabiliza pelos juízos emitidos.

Consulte nosso catálogo completo e últimos lançamentos em **www.editoracontexto.com.br**.

Eliana Donaio Ruiz

Como corrigir redações na escola

uma proposta textual-interativa

Copyright © 2010 da Autora

Todos os direitos desta edição reservados à
Editora Contexto (Editora Pinsky Ltda.)

Montagem de capa e diagramação
Gustavo S. Vilas Boas

Preparação de textos
Da autora

Revisão
Rosana Tokimatsu

Dados Internacionais de Catalogação na Publicação (CIP)
(Câmara Brasileira do Livro, SP, Brasil)

Ruiz, Eliana Donaio
Como corrigir redações na escola : uma proposta
textual-interativa / Eliana Donaio Ruiz. – 1. ed., 8ª reimpressão. –
São Paulo : Contexto, 2024.

ISBN 978-85-7244-471-2

1. Português - Redação I. Título.

10-01224   CDD-808.0469

Índices para catálogo sistemático:
1. Português : Redação 808.0469

2024

Editora Contexto
Diretor editorial: *Jaime Pinsky*

Rua Dr. José Elias, 520 – Alto da Lapa
05083-030 – São Paulo – SP
PABX: (11) 3832 5838
contato@editoracontexto.com.br
www.editoracontexto.com.br

Embora ninguém possa voltar atrás e fazer um novo começo,
qualquer um pode começar agora e fazer um novo fim.

(Francisco Cândido Xavier)

Aos professores de língua do Brasil,
pelo idealismo e perseverança.

Meus agradecimentos

À querida Inge, pela orientação iluminada, segura e pacienciosa.

Aos meus caros colegas professores de Língua Portuguesa, que me confiaram os cadernos de redação de seus alunos.

Ao CNPq – Conselho Nacional de Desenvolvimento Científico e Tecnológico, pelo imprescindível auxílio durante a realização desta pesquisa.

E à prezada Luciana Pinsky, da Editora Contexto, que apostou neste projeto.

SUMÁRIO

Apresentação 9
Ingedore Grunfeld Villaça Koch

Introdução 11

A correção (o turno do professor): uma leitura 33
    A correção indicativa 36
    A correção resolutiva 40
    A correção classificatória 45
    A correção textual-interativa 47

A revisão (o turno do aluno): uma leitura da leitura 59
    Reescritas pós-resoluções 60
    Reescritas pós-indicações 62
    Reescritas pós-classificações 66
    Reescritas pós-"bilhetes" textuais-interativos 70

O diálogo correção/revisão (o turno do pesquisador):
uma leitura da leitura da leitura 77
    Correções monológicas e correções dialógicas 77
    Correções no corpo, correções na margem
    e correções no "pós-texto" 83
    Problemas da frase e problemas do texto 160
    Um gênero de discurso 170

Como (não) corrigir redações na escola 173

Bibliografia 189

A autora 191

APRESENTAÇÃO

Ingedore Grunfeld Villaça Koch

Em função de sua raridade e do interesse que despertam, textos bem fundamentados teoricamente e voltados para o desenvolvimento da produção textual na escola são sempre bem-vindos no mercado editorial brasileiro.

O livro da professora Eliana Donaio Ruiz, *Como corrigir redações na escola*, é, sem dúvida, uma dessas pequenas preciosidades. Ele poderá trazer ao professor dos ensinos fundamental I, fundamental II e médio subsídios valiosos para esta tarefa, tão ingrata e muitas vezes infrutífera, que é indicar aos alunos caminhos para a reescrita dos textos que produzem, com vistas ao aprimoramento da expressão verbal.

Dividida em cinco partes, a obra apresenta, na introdução, as questões que instigam a autora à produção do trabalho, o modo como procedeu à coleta dos dados, além de elucidar os principais conceitos a serem utilizados e os principais suportes teóricos em que se encontra apoiada.

No primeiro capítulo, "A correção (o turno do professor): uma leitura", tecem-se comentários sobre os tipos de correção usuais e os principais aspectos que constituem objeto dessas correções; no segundo capítulo, "A revisão (o turno do aluno): uma leitura da leitura", examinam-se as formas de reescrita encontradas nos dados; no terceiro capítulo, "O diálogo correção/revisão (o turno do pesquisador): uma leitura da leitura da leitura", além de se comentarem os resultados das várias espécies de correção e proceder-se a uma avaliação crítica desses tipos e dos seus resultados, propõe-se que se veja a correção como um gênero especial de discurso.

Por fim, o último capítulo apresenta o grande desafio: "Como (não) corrigir redações na escola", desafio ao qual a autora procura trazer uma resposta – é claro que sempre provisória – com base em todos os questionamentos levantados nos capítulos precedentes.

Estão de parabéns a professora Eliana Donaio Ruiz e a Editora Contexto, pela nova divulgação deste trabalho que traz as marcas das angústias que todos nós, como professores de Língua Portuguesa, um dia ou ainda presentemente, enfrentamos em nossas carreiras, marcas que, muitas vezes, deixamos indeléveis naqueles que temos por incumbência orientar pelos caminhos da aquisição e desenvolvimento da escrita.

INTRODUÇÃO

Questões iniciais

A classe está em silêncio. Os alunos escrevem, compenetrados. A professora começa a receber as redações aos poucos. Alguns, mais tímidos, enfiam o papel por debaixo do monte: "Num vai olhá agora, hein, Dona!". Sorriso cúmplice. Eles vão saindo e ela ficando. A sós com os textos. O olhar fixo no mar de folhas teimando em transbordar de cima da mesa. E aquela sensação de prazer e dor se repetindo... "Trouxeste a chave?"... A voz do poeta ecoa com um sentido novo em seus ouvidos. Mas toca o sinal. Ela respira fundo e recolhe tudo. Rapidinho, que a outra classe já está esperando.

Esse *script* certamente já foi vivenciado por grande parte dos meus colegas, professores de Língua Portuguesa, cujo cotidiano é traçado no percurso que vai de uma escola a outra, de uma sala a outra, de um texto a outro, e que buscam, como pesquisadores que o exercício da profissão requer, respostas (um sem-número delas) para muitas das indagações intrínsecas a esse ofício ímpar que é ensinar a língua.

Foi, pois, sem fugir à regra, e como professora de redação dos níveis fundamental i, fundamental ii e médio, que buscava encontrar respostas para uma questão corriqueira e básica de qualquer um que trabalhe com o ensino da língua materna: Como é que se corrige uma redação escolar?

Estava convencida de que a promoção, em sala de aula, de todo um contexto de atividades integradas de leitura, produção e *análise linguística* de textos (Geraldi, 1984) era o ponto de partida (e de chegada) indiscutível de qualquer trabalho que se pretendesse produtivo.

Supunha, com base em observações empíricas realizadas no cotidiano de minha prática docente, que o que impulsionaria uma metodologia de ensino de redação seria um conjunto de vários fatores que, até por conta da sua complexidade, iriam desde os objetivos que norteiam o processo (seu desencadeamento pelo professor) até a sua finalização como produto (o texto dado pelo aluno como acabado).

Intuitivamente, tinha como certa a preponderância de um desses fatores: o trabalho de reescrita que o aluno é levado a realizar em decorrência da interferência do professor. Assim, para mim, parecia que o cerne da questão deveria estar no modo como o professor intervém no texto do aluno. Por experiência própria, sabia que a mediação do professor é um dos fatores determinantes do sucesso que o aluno possa ter em seu processo de aquisição da escrita.

Mas, justamente porque esperava que houvesse uma interferência positiva do trabalho de correção que fazia como professora nas reescritas realizadas pelos meus alunos, procurava garantir qualidade a esse trabalho: tentava encontrar respostas para questões mais precisas, como: o que é que torna uma correção de redação eficiente? Que tipo de estratégias de intervenção escrita é mais produtivo para o aluno? Como nós, professores, podemos contribuir (por meio da correção que fazemos) para uma produção escrita de maior qualidade? Como corrigir uma redação, de modo a levar nosso aluno a progressos significativos na aquisição da escrita?

Esse interesse pedagógico (centrado no "como") carregava, evidentemente, consigo um interesse de pesquisa (centrado num "quê"). Era necessário, portanto, mudar o posto de observação da professora, para, na qualidade de pesquisadora, eleger uma determinada prática e colocá-la sob escrutínio, a fim de descrevê-la e analisá-la. Com vistas a delinear caminhos e modos possíveis de ação, o "como" da professora dava lugar ao "quê" da pesquisadora.

Elaborei, assim, um projeto de pesquisa acadêmica, no qual fosse possível traçar um diagnóstico de como redações eram corrigidas na escola e a que resultados se chegava, para que pudesse atender ao meu interesse pedagógico inicial, que era identificar o que realmente – poderia assim dizer – funciona, dá certo, numa correção de redação.

Tinha, evidentemente, uma hipótese, que assim delineei, na expectativa de uma confirmação: o que dá certo numa correção de redação, ou seja, o que leva a uma escrita qualitativamente melhor, por parte do aluno, é o tipo de leitura que o professor faz da produção. Leituras que tomam o texto todo como unidade de sentido são mais produtivas que as que focalizam apenas partes do texto, ou unidades menores do que o texto.

Não me interessava, portanto, contrapor diferentes modos de correção de redações escolares para provar o que já sabia por experiência. Assim, não seria preciso analisar o estilo tradicional, digamos, de correção (aquele que consiste em simplesmente tingir de vermelho o texto e devolvê-lo para o aluno, parando o processo nessa etapa) para mostrar que ele está longe de promover uma interferência efetivamente positiva no processo de aquisição da escrita do aluno. Queria me debruçar sobre um trabalho no qual acreditasse e do qual tomasse partido por princípio. Um trabalho que não encarasse a correção como um fim em si mesmo e, por isso, não se esgotasse nela. Um trabalho, enfim, que tomasse o professor como mediador importante, e a tarefa de correção como alavanca propulsora de um processo que continua, necessariamente, no próprio aluno, com a retomada de seu texto.

Era, pois, absolutamente fundamental que a análise estivesse voltada para um outro tipo de correção – aquela que visa também (e sobretudo) à reescrita dos textos corrigidos.

Foi assim que decidi tomar como tipo de dado relevante para a pesquisa apenas redações de alunos cujos professores trabalhassem com reescrita. Mais especificamente: primeiras versões de textos corrigidos pelos professores, acompanhadas de suas respectivas revisões pelos alunos.

Definido, então, o *corpus* da pesquisa, determinei que o trabalho de análise seria a leitura comparativa, sob a bússola dos princípios teóricos da Linguística Textual, desses dois momentos de produção (escrita e revisão) intermediados pela correção. O presente livro é, pois, o retrato dessa pesquisa, que incide, preponderantemente, sobre as estratégias de intervenção escrita, a distância, que o professor desenvolve diante de textos escritos por seus alunos.[1]

Em face desse propósito, a pesquisa está dividida em duas grandes partes, descrição e análise dos dados, aqui configuradas em cinco capítulos.

Nesta introdução, explicito a natureza das redações analisadas, bem como a metodologia de coleta e de descrição dessas redações, e traço as bases teóricas sobre as quais se assenta a análise.

No primeiro capítulo, descrevo as estratégias empregadas pelos professores para intervirem por escrito nos textos dos seus alunos, ou seja, os diferentes tipos de correção por eles utilizados. Faço, pois, uma leitura da leitura que os professores fazem das redações de seus alunos.

No segundo, descrevo os diversos comportamentos verbais escritos dos alunos revisores a propósito das intervenções de seus professores, isto é, apresento os diferentes tipos de reescrita que eles realizam, para dar conta de responder a cada um dos tipos de correção. Nesse capítulo, faço então uma leitura da leitura que os alunos fazem da leitura que os professores fazem de suas redações.

Na análise que realizo no terceiro capítulo, mostro como os diferentes tipos de correção descritos no primeiro capítulo podem encontrar explicação na natureza linguística dos problemas apresentados pelos textos corrigidos. Aponto, ainda, a relação que se pode estabelecer entre concepção de linguagem do professor e sua estratégia de intervenção escrita – ou, de outro modo: como os problemas da redação encontrados pelo professor e a forma que ele utiliza para falar desses problemas para o aluno, via correção, se explicam pela postura teórica que tem relativamente à linguagem.

Finalmente, no último capítulo, apresento argumentos teóricos que indicam as vantagens metodológicas de uma correção de natureza textual-interativa, mostrando que, justamente por não se tratar da estratégia de mediação a distância mais utilizada na escola de hoje, impõe-se a necessidade de uma revisão da concepção de linguagem atuante. Minha proposta é que essa revisão seja feita com base em postulados fundamentais dos estudos linguísticos da atualidade, como os que se delineiam em correntes teóricas calcadas na relação entre o linguístico e o social, como é o caso da Linguística Textual.

A coleta de dados

No momento em que fiz um recorte na prática de ensino da língua e, dentro desta, na de ensino de redação, meu objetivo era bastante definido: obter dados com o menor número possível de variáveis. Assim, pretendia obter textos de um tipo específico (dissertações), produzidos por alunos de uma dada série escolar (8ª série, atual 9º ano), ao longo de um determinado ano letivo (1991) e corrigidos por um grupo de professores específico (os que haviam participado de um determinado projeto de trabalho promovido pela Prefeitura Municipal de Campinas e pela monitoria de Língua Portuguesa de uma das Delegacias de Ensino de Campinas, em 1984).

Entretanto, na ocasião, não imaginava como seria extremamente dificultosa a coleta dos dados. Ingenuamente, contava com uma disposição irrestrita dos colegas e das escolas para com o trabalho acadêmico de modo geral, e para com a presente pesquisa, em particular. Talvez uma certa imagem negativa da academia e do próprio fazer docente tenha influenciado a pouca disponibilidade dos colegas para com a coleta que fazia. Provavelmente, deve ter causado sensação, para uma boa parte dos professores com quem fiz contato, o teor crítico do discurso acadêmico sobre educação e ensino da língua que marcou a passagem dos anos 1970 para a década de 1980: após denunciar a não neutralidade político-ideológica das práticas e dos instrumentos pedagógicos, a produção científica refletiu, de certo modo, um intenso processo de revisão e questionamento do ensino em vigor, colocando-o na posição de dado para a pesquisa, e passando a apontar mais erros, falhas e sombras, que luzes e acertos.

Por essa razão, não obtive, de imediato, a cumplicidade esperada e necessária para o desenvolvimento da pesquisa tal como a idealizara, o que me colocou numa condição de extrema vulnerabilidade diante da impossibilidade de levar adiante meu projeto inicial. Assim sendo, sempre na escola ou na residência dos poucos colegas que se dispuseram a ceder material, ia em busca do que eles consideravam possível de ser obtido de seus alunos: cadernos, pastas-catálogo, fichários, ou textos avulsos, dependendo da sistemática por eles adotada.

Evidentemente, nessas condições, não cheguei à representatividade de dados desejada. Foi, pois, por força de coleguismo ou amizade que o *corpus*, em grande parte, acabou se constituindo, o que me obrigou a decidir, num certo momento, pela incorporação de textos produzidos por meus próprios alunos (fato que absolutamente não estava previsto).

Assim foram recolhidas 161 redações (pequenos conjuntos de diversas versões de um mesmo texto) produzidas em sala de aula ou a propósito do trabalho nela realizado (como tarefa de casa), dos mais diversos gêneros textuais (de tipo narrativo, argumentativo ou outro, em prosa ou em verso), que procuram atender a uma proposta de produção escrita específica sugerida pelo professor de Língua Portuguesa ou de redação. São, pois, redações escolares elaboradas a partir de um tema previamente indicado, sob as mais variadas formas, normalmente com base num trabalho prévio de leitura de textos escritos e/ou discussão de um texto oral ou tema selecionado com a classe.

Embora haja exceções, não há, de modo sistemático, um registro escrito do período de tempo decorrido entre a primeira e as demais versões de cada texto, provavelmente porque não devia ser, na ocasião, preocupação da maioria dos professores controlá-lo, em sua rotina de trabalho. Mas, considerando alguns depoimentos seus, tudo indica que esse período não exceda o limite de dois meses.

Esses textos foram obtidos entre 1991 e 1996, em uma escola municipal, duas estaduais e três particulares da região de Campinas, SP (incluindo a *Redigere*, escola de redação por mim projetada e onde eu atuava nas cidades de Vinhedo e Campinas, cujos alunos – do ensino fundamental I, fundamental II e médio – frequentaram aulas particulares durante vários semestres consecutivos, entre os anos de 1994 e 1996). Embora eu reconheça que, pela própria natureza, a escola de redação tenha a sua especificidade, para efeito da presente categorização, vou mantê-la sob o rótulo de escola particular.

No total, dez foi o número de professores (entre os quais me incluo) e 52, o de alunos. Por razões éticas, não identificarei os sujeitos da pesquisa. As escolas serão referenciadas por algarismos romanos (I, II, III etc.), os professores, por letras iniciais maiúsculas (I., N., E. etc.) e os alunos, pelo nome acompanhado (ou não) da inicial do sobrenome (Gustavo F. etc.). As redações, por sua vez, receberão uma identificação por meio de algarismos arábicos: T1 ("Texto um"), T2 ("Texto dois"). E, no corpo do trabalho, indicarei se se trata de escrita (primeira versão) ou reescrita (segunda ou terceira versão).

As condições de produção das redações

Não me parece simples considerar, para efeito de análise das redações coletadas, o papel que os fatores pragmáticos nelas exercem, já que se trata de um bloco heterogêneo. Falar acerca do contexto imediato em que esses textos foram produzidos e de seus alunos autores parece-me, todavia, fundamental.

Como o *corpus* é constituído por redações em níveis escolares diversos, a idade dos alunos varia entre 9 e 23 anos. E dadas as diferentes categorias de escolas em que foram escritas, seus produtores pertencem às mais diversas classes sociais: formam um conjunto heterogêneo que vai desde alunos pobres da zona rural, que percorrem grandes distâncias a pé para chegar à escola (e cujos pais trabalham no campo ou no setor de produção da multinacional mais próxima), até alunos abastados que vão à aula de carro próprio, filhos de profissionais liberais ou pessoas geralmente com nível superior de escolaridade (moradores de condomínios de luxo, que podem pagar cursos extras além da escola particular mais cara da região).

Considerando o contexto imediato de produção desses textos (a escola), há neles certas peculiaridades que não podemos deixar de levar em conta: são redações e, como tal, escritas com um fim específico, qual seja, o de serem lidas, corrigidas e/ou avaliadas. A escrita desses textos, pois, não deixa de ser elaborada a partir da imagem que fazem os alunos das expectativas de correção e avaliação definidas pela escola, por meio do lugar institucionalmente marcado pela figura do professor.

Esclarece-se, assim, por que, ao longo deste livro, utilizo, sem grandes distinções, as expressões *redação*, *produção* e *texto*, para me referir aos textos analisados – muito embora esteja de pleno acordo com a pertinente distinção de Geraldi (1984), para quem produção é mais do que redação.

Vale, ainda, lembrar que, embora todas as redações consideradas tenham sido produzidas em contexto escolar, é bastante diferente a situação de um aluno que escreve, na escola, para atender às solicitações de um professor (de Língua Portuguesa) – que o avalia com vistas a uma promoção ou retenção para a série seguinte –, da situação vivida por aquele aluno que escreve, num curso extracurricular, para atender às solicitações de um professor particular (de redação) que visa a resgatar (e/ou promover) uma vivência de leitura e de escrita – e que não tem, por princípio, um fim de aferição. Mesmo que se considere o inegável papel que um curso dessa natureza pode ter como auxiliar indireto na promoção escolar do aluno, é evidente a diferença de postura com que este realiza as tarefas de escrita e reescrita num e noutro contexto. No primeiro caso, a leitura e a escrita estão entre as atividades de ensino da língua. No segundo, elas são as atividades de ensino da língua. Logo, parece-me importante mencionar que as peculiaridades típicas de cada caso me levam a prever que os textos produzidos pelos alunos da escola de redação guardem diferenças significativas relativamente aos demais. Isso, evidentemente, fica para ser confirmado ao longo da análise.

Para que eu pudesse entender o estatuto da escrita e da revisão no contexto de atuação dos professores-sujeitos da pesquisa, iniciava a coleta de dados por uma entrevista pessoal com cada um. A conversa, o mais informal possível, girava em torno das condições de produção, das atividades desenvolvidas e da avaliação dos textos dos alunos. Interessava-me saber, principalmente, o que acontecia antes e depois de as redações serem produzidas, isto é, a propósito de que e para que eram solicitadas. Isso me permitiria ter uma visão global de como a escrita era encarada e de como era tratada a tarefa de reescrita.

A maioria dos professores me falava da produção de textos como um trabalho inserido num contexto mais amplo de trabalho com a leitura, no qual quer a forma quer o tema do texto gerador são utilizados como elos de ligação entre o que é lido e o que é escrito pelos alunos. Parecia, pois, haver um movimento (por mim esperado) entre leitura e produção de textos na sala de aula. Segundo os depoimentos, quando a redação não acontece em função de um trabalho prévio de leitura – de textos curtos (crônicas, poemas, entrevistas, charges, cartas, quadrinhos, reportagens, propagandas etc.) ou de textos longos (contos, novelas ou romances) –, ela se dá na forma de uma paráfrase de alguma narrativa oral (feita, na maior parte das vezes, por um dos alunos da classe ou, mais raramente, pelo próprio professor). As produções escritas pareciam, também, ser (pelo que pude inferir das falas, nas entrevistas) naturalmente motivadas pelo contexto e pela situação de interlocução. Assim, pressupondo que textos escritos não surgem do nada, que atividades de leitura, discussões e debates sobre temas variados e configurações textuais variadas são condição necessária para que os alunos tenham efetivamente estratégias para dizer o que têm a dizer em seus textos, os professores-sujeitos mostravam-se em pleno acordo quanto ao que vêm a ser as condições necessárias para a produção de textos escritos, seja na escola, seja fora dela.

Embora grande parte deles não adotasse, na ocasião, o livro didático como padrão exclusivo de atuação em sala de aula, parecia ser forte a semelhança entre esse traço principal de seu trabalho (a articulação leitura/escrita) e a proposta de metodologia de ensino subjacente aos manuais de Língua Portuguesa considerados adequados dentre os inúmeros que desfilam com passe livre pelo mercado editorial brasileiro.

Quanto às atividades desenvolvidas com textos escritos, os depoimentos eram os mais variados possíveis. Propõe-se o exercício de produção de textos a propósito não só de uma diversidade de temas, como também de diferentes gêneros textuais, apesar de os tipos clássicos (narração, dissertação e descrição) predominarem. Como, porém, na esmagadora maioria dos casos (com exceção da escola de redação), os textos por mim analisados tinham chegado desacompanhados de suas respectivas propostas de produção – já que nem sempre a sistemática em sala de aula era registrá-las por escrito no caderno/folha em que eram produzidos –, meu acesso às propostas de atividades com textos ficou restrito aos depoimentos orais dos professores e ao que é possível inferir das próprias redações.

Dessa maneira, entendi que não seria procedente considerar a variável gênero textual, ao longo da análise, o que me levou a descartar qualquer observação relacionada ao aspecto tipológico (a despeito de todos os riscos que se possam apontar em decorrência dessa generalização).

Assim, o que acontece antes de os textos dos alunos serem produzidos é algo que parecia estar sedimentado por esse grupo de professores-sujeitos. Todavia, o mesmo discurso não se apresentava tão consensual com relação ao que acontece depois de esses textos serem escritos. Não consegui inferir um quadro tão definido, em termos de grupo, relativamente ao trabalho de leitura, correção e avaliação das produções, a partir das entrevistas.

Um exame dos cadernos revelou que a frequência de produções realizadas pelos alunos varia muito. Há casos em que eles escrevem, em média, um texto diferente por semana. Mas também há aqueles, menos comuns, em que o total de textos não passa de dois por bimestre.

A frequência de correção feita pelo professor também é diversificada. Alguns corrigem todos os textos produzidos. Outros fixam um determinado número para ser corrigido por bimestre, independentemente da quantidade produzida pelos alunos nesse intervalo de tempo. Há também os que, além de corrigir, avaliam quantitativamente, por meio de nota ou conceito, algumas produções.

Em razão dessa diversidade, a frequência com que as revisões ocorrem é, igualmente, bastante variável. Assim como há textos cuja reescrita simplesmente não é realizada – não se sabe se por motivos pessoais ou metodológicos –, há casos (raros, ocorrentes na escola de redação) de textos que são reescritos e corrigidos mais que duas vezes.

Além disso, as revisões não se dão apenas em função da correção feita pelo professor. Ocasionalmente, os próprios alunos, colegas de classe, é que realizam esse trabalho, apontando as falhas detectadas numa leitura conjunta, normalmente em duplas ou pequenos grupos. Seja como for, contudo, a reescrita individual ocorre em algum momento do processo e das mais diversas formas:

- seja por meio da reelaboração de todo o texto (reescrita total) numa segunda versão – procedimento comum a todas as escolas do *corpus*;[2]
- seja através de apagamento de trecho(s) da versão original e inserção da(s) forma(s) substitutiva(s) *in loco*, nessa mesma versão (reescrita parcial sobreposta à original) – procedimento típico da escola IV;
- seja na forma de uma "errata" simplificada, em sequência ao texto da primeira versão, onde se apresenta(m) apenas a(s) forma(s) substitutiva(s), a título de segunda versão (reescrita parcial não sobreposta à original) – procedimento típico da escola de redação.

Para entendermos como se dá essa variação formal na tarefa de reescrita, basta considerarmos o aspecto pragmático aí envolvido. Nas entrevistas, ficou claro que há uma preocupação dos professores quanto a não fazer da tarefa de refacção[3] uma atividade maçante para o aluno, sobretudo para aquele que apresenta dificuldade mais acentuada de produção. As revisões *in loco* e via "errata", por exemplo, parecem-me uma tentativa evidente de o professor tornar a tarefa de revisão menos trabalhosa e, por certo, mais rápida, da seguinte forma:

- fazendo o aluno proceder à reescrita de todo o texto, quando é grande o número de problemas (isso acontece em todas as escolas pesquisadas), e à "errata", quando o número de problemas é pequeno (sistemática própria da escola de redação);
- fazendo o aluno proceder à revisão *in loco* sempre, por economia de tempo e trabalho (escolas IV e V); ou quando só um determinado tipo de infração foi selecionado para ser trabalhado na reescrita – como ortografia, por exemplo – (escola II); ou, ainda, quando as infrações são poucas e/ou mais localizadas (escolas IV e V).

Enfim, reescrever o texto de diferentes modos significa, para esse grupo de professores e alunos, reescrevê-lo segundo objetivos bastante específicos.

Os depoimentos dos professores-sujeitos também apontam para a existência de um trabalho de reescrita coletiva, na lousa, em que se discute oralmente, com todos os alunos da classe, um ou mais textos selecionados especialmente para esse fim. Esse texto, eleito para leitura e análise conjunta, é retirado quase sempre do corpo de produções realizadas pela própria classe e reproduzido de alguma forma (mimeógrafo, xerox, transparência ou cópia no quadro-negro) para que seja reescrito pelo grupo, com a monitoria do professor. Algumas vezes, atendendo ao propósito de selecionar um tipo específico de problema para ser estudado com os alunos, o professor não se mantém fiel ao texto original nessa reprodução apresentada à classe: o texto é por ele adulterado e "maquiado", isto é, revisado na maior parte dos problemas que apresenta, e (dependendo do nível e das necessidades da classe) reescrito de forma que se mantenham apenas os problemas de um tipo específico (que é o que se pretende focalizar naquele momento). Isso talvez explique por que, no *corpus*, às vezes (salvo, evidentemente, casos em contrário), muitos dos problemas apresentados pelas produções não aparecem apontados pelo professor na correção – como mostrarei. Provavelmente (embora não haja como garantir isso), os não focalizados são aqueles que estão sendo relevados temporariamente, em virtude desse trabalho de reescrita coletiva e seleção metodológica de um aspecto de linguagem específico para fins de análise.

Nesse contexto, o estatuto do ensino gramatical aparece, portanto, cercado das mais diferentes posturas. Assim como há os que insistem em aulas específicas de análise morfológica e sintática, com fixação de metalinguagem, há os que as abolem totalmente da sala de aula. Neste último caso, a *análise linguística* de textos lidos e produzidos pelos alunos constitui-se lugar privilegiado de reflexões de cunho gramatical.

No que se refere ao destino que se dá às produções dos alunos, as entrevistas apontam para uma diversidade de propostas de encaminhamento pelo grupo de professores-sujeitos: desde a mais simples leitura oralizada para a classe, até publicações, seja entre o público leitor mais imediato (como familiares, colegas e demais professores, na forma de jornais-murais, livrinhos, circulares internas, salões ou colunas literárias etc.), seja entre a população da cidade (via jornal regional, como é o caso da escola de redação). Parece, pois, que há uma tentativa de se proceder a uma socialização dos textos produzidos em sala de aula, num movimento de tornar público o que não foi escrito apenas para o professor, criando, dessa forma, destinatários possíveis e reais para as produções dos alunos.

Diante do exposto, importa, portanto, esclarecer, inicialmente, a distinção teórica que aqui faço entre os conceitos de correção e de revisão.

Corrigir

No contexto escolar, "correção de redação" é o nome mais corriqueiro que se dá àquela tarefa comum, típica de todo professor de Língua Portuguesa, de ler o texto do aluno marcando nele, geralmente com a tradicional caneta vermelha, eventuais "erros" de produção e suas possíveis soluções. O que estou chamando de *correção* é o trabalho que o professor (visando à reescrita do texto do aluno) faz nesse mesmo texto, no sentido de chamar a sua atenção para algum problema de produção. *Correção* é, pois, o texto que o professor faz por escrito no (e de modo sobreposto ao) texto do aluno, para falar desse mesmo texto.

Reconheço não apenas a existência, mas também a importância de outras estratégias interventivas, orais ou escritas, realizadas pelo professor para levar o aluno a perceber os problemas de seu texto e dar conta deles. Entretanto, para os fins da presente análise, estarei considerando apenas as intervenções escritas realizadas no texto do aluno, vulgarmente chamadas de "correção", que tematizam alguma "infração" textual.

Tomarei as expressões *problema* e *infração* como sinônimas, muito embora esta última se aproxime mais do sentido comum de "erro" usado em contexto escolar (já que a ideia de erro remete à noção de norma e é, portanto, apenas um tipo específico da categoria mais geral que estou tentando definir).

Adotarei, assim, a mesma nomenclatura utilizada por estudiosos que também tomaram textos escolares como objeto de estudo. Para citar dois dos autores mais conhecidos, Pécora (1983), por exemplo, fala em *problema* de redação, enquanto Costa Val (1994) utiliza igualmente o termo *infração*. Essa nomenclatura, contudo, merece uma pequena discussão.

O conceito de *problema* ou de *infração* não pode ser definido apenas em termos de produção textual. Falar em problema de redação significa falar, necessariamente, em problema de leitura. Por isso, definir o que seja um problema de produção é também, ao mesmo tempo, definir o que seja um problema de recepção. Muito embora uma dada sequência linguística tenha sido produzida no momento específico que se convencionou chamar de produção (elaboração, execução), essa ocorrência só será considerada problemática se gerar um estranhamento no momento da recepção, da leitura. Tanto é assim que eventuais alterações que se fazem *on line*, ou *a posteriori*, no momento em que se escreve um texto, são fruto do trabalho de leitura que o próprio produtor faz para monitorar sua escrita. Quem aponta os problemas do texto não é o produtor, mas o leitor que convive no produtor, ou o produtor desempenhando o papel de leitor, ainda que se trate do mesmo indivíduo; é, pois, o leitor-produtor. Afinal, o autor é o primeiro leitor de si mesmo.

Isso pode ser mais bem entendido se tomarmos de empréstimo a Bakhtin (1997) as noções de *outro* e de *acabamento*, dentro do princípio dialógico que funda a sua concepção de linguagem. Para esse autor, o *dialogismo* é a condição da constituição do *sujeito* e do sentido do texto. Deslocado do papel central e fixo na relação *eu-tu*, o *sujeito* passa a se constituir no espaço interacional entre ambos, onde o *outro* lhe dá existência. Assim, todo discurso é elaborado em função do *outro*, pois é o *outro* que condiciona o discurso do *eu*. O que atribui um sentido totalizante ao texto, portanto, é a virtualidade, o *acabamento* que lhe é atribuído pelo *outro*. O que dá *acabamento* a um discurso é a mudança de locutor, isto é, a *atitude responsiva* do *outro* já nele presente. Na fala, isso fica mais evidente com a alternância dos turnos conversacionais – o *todo* de cada enunciado se constrói tendo em vista que as vozes dos interactantes se revezam. Na escrita, apenas a perspectiva do *outro* no texto é que torna possível o seu *todo*. O autor só dá *acabamento* ao seu texto quando o "dá a público", isto é, quando instaura a possibilidade real de uma *contrapalavra* do *outro*, neste caso o leitor, ao seu enunciado.

Problemas de produção surgem, desse modo, a propósito da atividade de leitura inerente a todo processo de produção de texto, quer ela se dê simultaneamente, ou de modo intrínseco à gênese do texto (pela interferência do *outro*, constitutiva do *eu* que escreve, que lê o próprio texto enquanto o produz), quer ocorra em momento posterior e diverso da gênese textual (pela atuação do *eu* que lê o próprio texto, por ele dado como acabado, ou pela interferência de um *outro*, que lê o texto do *eu*).

Assim, parece-me que se pode considerar *problema de produção textual* toda e qualquer sequência linguística que gere um estranhamento para o leitor, não apenas em função do gênero ou do tipo de texto, mas também dos objetivos visados na interlocução e das condições tanto de produção como de recepção desse mesmo texto. A questão, então, é saber de que tipo de estranhamento se trata.

Obviamente, não estou falando daqueles embaraços advindos das dificuldades típicas de leitura relacionadas à falta de informação do leitor sobre o tema elicitado, ou à sua falta de intimidade com as formas de dizer (itens lexicais ou estruturas linguísticas) características do texto em questão – como é o caso, por exemplo, das que geralmente são apresentadas por aprendizes da língua e tradicionalmente rotuladas como "problemas de compreensão ou interpretação". Quando digo estranhamento, refiro-me, particularmente, à ocorrência, no enunciado, de algum elemento inesperado pelo leitor (maduro ou não) em face das suas expectativas em relação à própria enunciação do texto como um todo.

Essas expectativas do leitor em relação ao texto são de diversas ordens, pois se relacionam aos diversos sistemas de conhecimento que entram em jogo por ocasião do processamento textual – do qual falarei mais adiante. Assim, por manipular um conjunto de estratégias de caráter sociocognitivo e linguístico, o leitor pode manifestar, em relação ao texto, um estranhamento, seja quanto à forma de organização do material linguístico na superfície textual, em face do tipo de texto, seja quanto à seleção lexical, em face do tema e dos modelos cognitivos ativados (*scripts, frames* etc., conforme Beaugrande, 1980); o leitor pode, também, manifestar um certo estranhamento quanto à quantidade de informação veiculada no texto ou, ainda, quanto à seleção da variedade linguística pelo produtor, em face da situação interativa.

A esse respeito, vale lembrar o modelo proposto por Dascal e Weizman (1987), a propósito da questão da compreensão. Para dar conta dos vários tipos e níveis de informação contextual manipulados pelo leitor no processo de interpretação do texto escrito, esses autores retomam a distinção entre os conceitos de *significado sentencial* (o significado literal de uma sentença, independente do contexto, construído a partir do significado de seus itens lexicais e formas gramaticais), *significado do enunciado* (o significado convencional de um enunciado, uma vez que seu significado sentencial é ajustado à situação da enunciação) e *significado do falante* (o que o falante deseja transmitir emitindo uma dada sentença numa dada situação) – conforme Grice (1975) e Dascal (1983). Além disso, esses autores postulam a caracterização de dois tipos de informação contextual: a extralinguística (que lida com o conhecimento de mundo do ouvinte) e a metalinguística (que tem a ver com o seu "conhecimento" de estruturas linguísticas e de convenções) – conforme Dascal e Weizman (1987: 6).

Segundo eles, ambos os tipos de informação contextual (a extra e a metalinguística) são necessariamente explorados pelo leitor durante as múltiplas fases do processo de interpretação de um texto escrito. Isso porque, conforme postulam os autores, todo texto é, em princípio, aberto de significados, podendo ser esse grau de abertura maior ou menor, em cada caso. Isso faz com que a compreensão seja sempre uma tentativa do leitor de dar conta de calcular o sentido do texto nos limites dessa abertura que lhe é inerente.

Assim, de acordo com Dascal e Weizman, seriam os dados de contexto (as informações de caráter extra e metalinguístico) que preencheriam os espaços vazios deixados pela falta de transparência intrínseca de todo texto.

Ainda segundo esses autores, há que se distinguir duas formas pelas quais um texto pode ser opaco (não transparente). Uma delas é a incompletude que é devida à dificuldade do leitor em determinar o sentido veiculado, ou seja, em achar – tanto no contexto (universo externo ao texto) como no cotexto (universo interno ao texto) – os dados que o ajudariam a completar as informações faltantes no texto. A outra maneira é a indiretude, que tem a ver com a detecção, pelo leitor, de razões para acreditar que o significado aparentemente expresso pelo texto (*utterance meaning*) não é o efetivamente pretendido pelo produtor (*speaker's meaning*). Se o texto é apenas incompleto, o leitor está diante de uma lacuna (*gap*) a qual terá de preencher; entretanto, se o texto é indireto, o leitor depara com um desalinhamento (*mismatch*), isto é, um descompasso entre a informação explícita e outros fatores (entre os quais o conhecimento de mundo, por exemplo), que ele terá de perceber para proceder à leitura ambígua desejada pelo produtor.

De qualquer modo, para resolver seu problema de interpretação, o leitor recorre, além dos dados cotextuais, a dados de contexto (seu conhecimento de mundo e das funções e convenções linguísticas). São essas informações contextuais que lhe permitem ou seguir as pistas (*cues*) fornecidas pelo texto para a identificação de um necessário preenchimento de lacunas, ou perceber os indícios (*clues*) nele presentes para a depreensão da significação pretendida pelo autor. Eis a razão pela qual a interpretação do sentido de um texto escrito é, para os autores citados, um processo de múltiplas fases. As tarefas realizadas pelo leitor para processar o texto vão da distinção entre *incompletude* e *indiretude* à identificação dos significados implícitos.

Mas qual é a contribuição que o modelo de Dascal e Weizman pode nos dar em relação ao ensino da língua? O paralelo que mais me interessa traçar com esse modelo de compreensão textual, para os fins do presente trabalho, é que, em se tratando de correção de redações produzidas por alunos de nível fundamental e médio, o leitor-professor muito dificilmente irá deparar com desalinhamentos, até porque isso exigiria dos nossos produtores aprendizes um conhecimento apurado das estratégias de dizer – e não é este o caso. Parece-me que o estranhamento de leitura típico da tarefa de correção com a qual lidam os professores pode ser entendido em termos da noção de lacuna (*gap*), proposta pelos citados autores.

Ao ler uma redação escolar, o professor certamente depara com lacunas de várias ordens, tal qual um leitor comum. E isso o faz buscar no contexto e no cotexto as informações que lhe permitem seguir as pistas (*cues*) deixadas pela redação acerca de sua significação. Entretanto, por força das circunstâncias, ao assumir o papel de corretor que social e institucionalmente lhe é atribuído (ou seja, ao se colocar não mais como um leitor comum, mas como um leitor diferenciado), o professor muitas vezes tenta, por meio da correção, exigir do aluno produtor uma postura de transparência total, solicitando que este resolva todas as opacidades do texto – o que, como vimos anteriormente, é praticamente impossível, não só para o aluno, como para qualquer produtor de textos.

Todas essas considerações apontam para um fato importante: o ouvinte/leitor não é absolutamente um "receptor" passivo, já que lhe cabe atuar sociocognitivamente sobre o material linguístico de que dispõe (além, é claro, de atuar sobre a entonação, os gestos, as expressões fisionômicas e os movimentos corporais, no caso da linguagem falada). Ao contrário, ele é altamente ativo, pois cria uma leitura, constrói um sentido para o texto (Koch, 1992: 25).

Ainda sobre essa questão da compreensão, é útil considerar as colocações de Koch (1997), a partir de um outro modelo, o de Heinemann e Viehweger (1991). Para esses autores, na atividade interindividual da linguagem seriam mobilizados diversos sistemas de conhecimento por parte dos interlocutores. Dentre as diversas ordens de elementos que concorrem para o processamento textual, quer em termos de produção, quer de recepção, estariam os de caráter linguístico, os de caráter enciclopédico e os de caráter interacional. A cada um desses sistemas de conhecimento corresponderia um conhecimento de tipo "procedimental", que se concretizaria por meio de estratégias de processamento textual.

Partindo dessa concepção, Koch (1997) propõe, para a atividade da linguagem, três tipos de *estratégias de processamento textual* pelas quais os interactantes acionariam tais sistemas de conhecimento: as de natureza cognitiva, as de natureza sociointeracional e as de natureza textual. Vou resumidamente referenciá-las.

As estratégias cognitivas são aquelas que consistem na execução de algum "cálculo mental" por parte dos interlocutores. Um exemplo seriam as inferências: partindo da informação veiculada pelo texto e levando em conta o contexto, o ouvinte ou leitor constrói novas representações mentais e/ou estabelece uma ponte entre segmentos textuais, ou entre informações explícitas e implícitas no texto.

As estratégias sociointeracionais visam a manter e levar a bom termo uma interação verbal. Um exemplo seriam as estratégias de preservação das faces e/ou de representação positiva do *self*, que se manifestam por meio de eufemismos, rodeios e mudança de tópico, entre outros.

Já as estratégias textuais são aquelas relacionadas ao conhecimento linguístico, que compreende o gramatical e o lexical. É esse tipo de conhecimento o responsável pela organização do material linguístico na superfície textual, pelo uso dos meios coesivos que a língua põe à disposição dos falantes para efetuar a remissão ou a sequenciação textual, pela seleção lexical adequada ao tema e/ou aos modelos cognitivos ativados. Entre o que Koch denomina estratégias textuais, ela cita quatro tipos: de organização da informação, de formulação, de referenciação, e de "balanceamento". As estratégias de organização dizem respeito à distribuição do material linguístico na superfície textual, seja em termos de dado/novo, ou de tema/rema. As de formulação têm funções de ordem cognitivo-interacional, entre as quais inserem-se as de inserção e reformulação. As de referenciação retomam referentes anafórica ou cataforicamente. E as de balanceamento regulam o que necessita ser explicitado textualmente e o que pode permanecer implícito, por ser recuperável via inferenciação.

Tendo em vista o ensino de língua, escopo deste trabalho, é possível tentar uma aproximação entre os modelos de Dascal e Weizman (1987) e de Heinemann e Viehweger (1991), que servem de base para as colocações de Koch (1997). Segundo minha percepção, são sobretudo os procedimentos de natureza cognitiva e textual que constituem o tipo de chave (*clue*) manipulado pelo leitor-professor que interpreta um texto escrito, para preencher suas lacunas e, assim, diminuir sua opacidade. Contudo, no que diz respeito ao nosso caso específico (o ensino de redação), deveriam ser as estratégias textuais o tipo de chave por excelência mais elicitado pelo professor-corretor durante a tarefa de intervenção escrita. Além de serem, igualmente, aquelas de que o aluno produtor-leitor deveria lançar mão ao revisar o próprio texto em nome de uma maior legibilidade, isto é, da menor opacidade possível – e desejada – desse texto, consideradas as condições tanto de produção (o nível e a maturidade linguística desse aluno) como de recepção (o grau de exigência do professor).

Mas será que é assim que as coisas se dão? Será que é o texto como unidade de sentido que é tomado como objeto de correção pelo professor? Isso é o que esta análise pretende verificar.

Uma vez esclarecido o conceito de correção, passemos ao de revisão.

Revisar

Romper com a tradição que faz a escrita ser um exercício escolar artificial, transformando meras *redações* em *textos*, tem exigido muito mais do que boa vontade em termos de ação pedagógica. Na verdade, tem significado uma revolução. Trata-se de um esforço que começa pela revisão do conceito de educação e passa pela revisão da concepção de linguagem. Faz parte desse esforço de mudança a tentativa, entre outras, da incorporação, no ensino, de uma prática absolutamente comum entre os escritores, que é a de reescrever o próprio texto, seja simultaneamente ao ato da escrita, seja posteriormente a ele.

O estudo da revisão como etapa da produção textual tem sido tema de inúmeras publicações na área da Linguística Aplicada, especialmente em países como França e Estados Unidos – ver, principalmente, Hayes e Flower (1980), Culioli (1982), Fabre (1986 e 1987), Fuchs (1982), Grésillion e Lebrave (1982), Rey-Debove (1982) e Sommers (1980).

Mas para se ter uma ideia de como se deu a incorporação do trabalho de revisão na prática de ensino da escrita aqui no Brasil, considere-se a influência de várias publicações acerca do ensino da língua e da produção de textos tanto dentro quanto fora do contexto acadêmico – refiro-me, sobretudo, a Geraldi (1984), Fiad (1989), Fiad e Mayrink-Sabinson (1991), Fiad (1991), Silva (1994), Jesus (1995), Grillo (1996) e Abaurre et al. (1997), por exemplo, além dos mais recentes parâmetros curriculares de Língua Portuguesa.

Estou, aqui, adotando uma visão de escrita como trabalho, como construção, dentro de um modelo que admite etapas que podem ocorrer recursiva e concomitantemente – conforme Hayes e Flower (1980) e Kato (1986). Assim, a revisão não é apenas uma das fases de produção de um texto, mas, sobretudo, aquela que demonstra esse caráter processual da escrita.

Embora reconheça que esse trabalho de reescrever o próprio texto seja extremamente complexo, dado que pode ocorrer várias vezes durante a sua produção, e até simultaneamente a outras etapas da gênese textual – como a pré-escrita, a escritura e a pós-escritura (Hayes e Flower, 1980) –, um primeiro recorte em meu objeto de análise se faz necessário: vou me deter exclusivamente no estudo da revisão que ocorre após a escrita, e não durante esse processo. Portanto, as reformulações textuais que serão observadas neste trabalho de pesquisa foram todas feitas em um texto já escrito.

Além disso, embora saiba que o aluno muitas vezes altera seu texto por conta própria, a despeito de qualquer interferência externa, não me interessa observar a reescrita espontânea que ele faz ao ler o próprio texto em momento posterior à produção da primeira versão. Estou interessada na reescrita provocada explicitamente a partir da solicitação de um leitor específico: o professor. Um segundo recorte, então, impõe-se: estarei, no presente trabalho, privilegiando aquelas operações de revisão possíveis de serem identificadas como decorrentes de intervenções diretas que o professor faz a propósito de uma correção. Assim, a revisão que me interessa investigar é a que se dá em resposta a uma intermediação. Estou, por essa razão, entendendo revisão como o trabalho de reescrita, reestruturação, refacção, reelaboração textual, ou *retextualização* (Marcuschi, 1994), realizado pelo aluno em função de intervenções escritas do professor, via correção, com vistas a uma melhor legibilidade de seu texto.

Em um estudo sobre as operações linguísticas básicas realizadas por falantes nativos de português em atividades de "passagem" (*transformação*) de textos falados para textos escritos, Marcuschi (1994: 6) diz que toda atividade de transformação de um texto em outro implica *interpretação* prévia. Em face dessa afirmação, cabe-me perguntar: se para retextualizar um texto é necessário compreendê-lo (interpretá-lo), é possível dizer que uma retextualização bem-sucedida é reflexo de uma adequada compreensão do texto a ser transformado, ao passo que uma retextualização malsucedida é resultado de uma má compreensão do texto a ser transformado?

Essa é uma questão difícil de ser respondida; eis aí um vasto campo para pesquisa. Diz, contudo, Marcuschi (1994: 41) que uma não compreensão não impede a retextualização, mas pode conduzir a uma transformação problemática.

Seja como for, parece-me que o cerne da questão está no que se entende por *compreensão*. Como sabemos, trata-se de um fenômeno complexo, que envolve operações de várias ordens.

De qualquer modo, se assumirmos, com Marcuschi, que retextualizar é, antes de tudo, interpretar (ler, processar, compreender), é possível hipoteticamente dizer que, enquanto boas "traduções" decorrem de boas compreensões, "traduções" ruins são decorrentes de más compreensões, no sentido mesmo de um domínio adequado ou inadequado (maturidade linguístico-cognitiva-interacional) por parte do falante de toda uma gama de conhecimentos requeridos para a leitura ou processamento textual.

Entretanto – agora pensando no sujeito desta pesquisa (alunos) e no seu objeto de estudo (redações) –, se levarmos em consideração o fato de que no rol de conhecimentos necessários para uma compreensão (da redação a ser retextualizada) pelo aluno-revisor inclui-se também a compreensão que ele precisa ter da correção do professor (que, por sua vez, não deixa de ser uma leitura – compreensão – da redação por um outro leitor mais experiente que dirige, orienta e, com certeza, muitas vezes determina a leitura – compreensão – que ele, aluno, fará do seu próprio texto), posso supor que é enorme a responsabilidade do professor-corretor, pois de sua interpretação da redação a ser retextualizada dependerá a interpretação (leitura) que o aluno fará dessa mesma redação e, portanto, grande parte do próprio processo de retextualização (revisão).

Isso me leva a pensar que o trabalho de retextualização realizado pelo aluno que revisa em função de uma correção pelo professor não é um trabalho solitário, como a princípio pode parecer (muito embora a solitude da tarefa de escrita lhe seja imanente). Esse seu trabalho é, necessariamente, e pela própria natureza, um trabalho a quatro mãos. De modo que toda e qualquer consideração que se faça a respeito do maior ou menor sucesso do aluno na tarefa de revisão (retextualização) deve inalienavelmente levar em conta a participação efetiva do mediador (o professor) no processo como um todo.

Assim, tendo em vista que a atividade de retextualização específica do tipo revisão, aqui em exame, é intermediada por uma leitura corretiva do professor (que, antes de mais nada, consiste numa "requisição" das necessárias operações linguístico-cognitivo-interacionais a serem realizadas pelo aluno para uma conveniente "tradução" do texto de origem em outro mais bem acabado), é possível supor que toda e qualquer transformação de retextualização dessa natureza deve estar condicionada pela orientação dada, na correção, aos tipos de operações requisitados. É isso, pois, o que este trabalho procurará mostrar (na tentativa de uma confirmação da hipótese central aludida no início desta Introdução).

Além disso, para efeito da presente análise, estarei utilizando o termo *versão* (variante), no mesmo sentido de *textualização* que lhe dá Marcuschi, para me referir a cada um dos momentos preparatórios de produção de um mesmo texto (no caso, uma mesma redação). Entendo esses momentos (ensaios redacionais) como as unidades textuais completas, dadas por *acabadas* (Bakhtin, 1997), "fechadas" e tornadas "públicas" pelo aluno-sujeito-produtor (isto é, tomadas por ele como textos-produtos objetos de leitura e/ou de correção).

Evidentemente, há que se perceber a coocorrência de dois movimentos nesse processo de construção textual: um, intratextual (do texto para consigo mesmo), que diz respeito às operações epilinguísticas realizadas pelo aluno numa determinada versão de texto, sem considerar as demais versões por ele produzidas, nem a correção impingida pelo professor (como ocorre mais naturalmente por ocasião da versão original, ou primeira versão); e outro, intertextual (do texto para com os outros textos que a ele remetem), que diz respeito às operações que o aluno realiza a partir do texto corretivo do professor e da(s) versão(ões) anterior(es) de seu texto, com a(s) qual(ais) faz contraponto.

Sendo assim, importa esclarecer que o critério no qual me baseio a fim de determinar o que é ou não uma versão de texto é, principalmente, de natureza pragmática. Ou seja, chamarei de *versão textual*, no caso versão de uma mesma redação, aquele texto que o aluno tomou por acabado (escrita ou reescrita), tendo em vista suas condições de produção e de recepção.

É, portanto, a minha própria concepção do que venha a ser um *texto* que está iluminando meu entendimento do que venha a ser uma *versão textual*. E é sobre ela que irei, a seguir, tecer algumas considerações.

Texto e discurso

Numa primeira leitura das redações, minha atenção se voltou para o trabalho de correção, ou seja, para o texto do professor ao intervir. Queria saber como as redações estavam sendo lidas, qual era o objetivo principal que norteava essa leitura específica que se manifesta sob a forma de correção. Fazia, pois, uma leitura da leitura.

Isso, evidentemente, colocou-me numa posição de observação nada cômoda, pois considerar o texto do professor significava considerar também (é óbvio) o texto do aluno sobre o qual ele fala. Eram dois os discursos sob análise, o que demandou um constante estado de alerta de minha parte, a fim de evitar (ou pelo menos amenizar) o risco de me influenciar pela própria leitura que tomava por objeto. Mais tarde, essa atenção teve de ser reforçada (e minha posição se tornou ainda mais desconfortável), pois quando passei a considerar as reescritas, o número de textos focalizados a cada momento aumentou, e aí há de se acrescentar a possibilidade de me influenciar também pela leitura que o próprio aluno, ao revisar, faz de seu texto e do texto do professor.

Navegar nessa intertextualidade fortemente marcada pela tensão entre a linguagem e a metalinguagem, e por uma intratextualidade onde o dizer e as formas de dizer se digladiam constantemente, foi, com certeza, uma aventura.

O constante desafio a que me propus criou, portanto, a necessidade de escolher uma perspectiva de análise que desse conta da complexidade do fenômeno com o qual estava lidando. E são os estudos realizados por linguistas que têm tomado o *texto* (ou o *discurso*) como objeto de reflexão que me pareceram mais apropriados para ser adotados como luminária para o tipo de leitura e de análise que ora faço.

Mais especificamente, é na corrente teórica da Linguística Textual, desenvolvida especialmente na Europa a partir do final dos anos 1960, que encontro o lugar onde fincar as balizas deste trabalho, sobretudo pelo fato de que os estudiosos dessa área têm-se dedicado a estudar a natureza do texto e os fatores envolvidos em sua produção e recepção.

Diferentemente de concepções que entendem a linguagem como *sistema* (seja como representação do pensamento, seja como instrumento de comunicação), a concepção que se convencionou chamar de *sociointeracionista* vê a linguagem como atividade, como forma de ação, como *lugar de interação* social, onde indivíduos, constituindo-se como um *eu* ou como um *tu* (interlocutores), produzem-se como *sujeitos* e atuam com vistas a determinados fins, criando vínculos e negociando sentidos, sob determinadas *condições de produção* (tempo, lugar, papéis socialmente representados, imagens recíprocas, conhecimentos supostamente partilhados etc.).[4]

Assim sendo, e dado que a atividade de linguagem humana não se dá em abstrato, fora de qualquer contexto de uso, segundo essa concepção, não basta ao linguista descrever o *enunciado* (entendido como a manifestação concreta de uma frase, em situações de interlocução). É preciso levar em conta a *enunciação*, isto é, o evento único e jamais repetido de produção desse enunciado, visto que as suas condições de produção são igualmente constitutivas do seu sentido. Dado, ainda mais, que a atividade linguística não consiste em frases isoladas ou de um conjunto delas, torna-se necessário ultrapassar teoricamente o nível da descrição e tomar como objeto de estudo não mais a *frase*, mas sequências linguísticas maiores que ela, sucessões ou combinações de frases que permitem veicular uma continuidade de sentidos. Isso significa tomar como unidade de análise o *texto*.

O que se verifica, contudo, é que o conceito de *texto* (ou de *discurso*, como propõem alguns) varia no quadro da Linguística teórica, não apenas de acordo com a orientação adotada, mas também conforme cada autor, mesmo dentre aqueles que o tomam precipuamente como objeto de estudo (Koch, 1997: 21).

A falta de consenso entre os estudiosos é, pois, o que permite que se fale em teorias (e não apenas teoria) do texto. Mas é justamente a pluralidade de conceituações a respeito desse objeto que nos aponta para a sua complexidade, tendo em vista a multiplicidade dos fatores que concorrem para a sua realização: fatores de ordem psicológica, cognitiva, sociocultural, pragmática e linguística. Essa é a razão, aliás, pela qual os estudos do texto têm recebido contribuições de várias áreas, sobretudo da Psicologia, da Filosofia, da Sociologia, revelando-se um campo mais do que interdisciplinar: transdisciplinar, pela própria natureza.

Diante dessa tela ampla, para a percepção da qual cada vez mais os estudiosos sentem a necessidade de alargar o ângulo de visão – já que a importação de elementos de outras disciplinas se mostra imprescindível para tornar possível uma compreensão global do fenômeno da linguagem como forma de interação comunicativa –, a perspectiva da Linguística Textual tem sido a que poderíamos chamar de mais "linguística" no âmbito das teorias enunciativo-discursivas, ao tomar o verbal, o concreto, o substancial, o material da atividade interacional como ponto-chave de referência para o trabalho analítico.

Embora ainda não se possa dizer que muitos dos conceitos da Linguística Textual se encontrem estabelecidos de forma mais ou menos consensual entre os autores que a representam na atualidade, seu desenvolvimento como corpo teórico nos últimos trinta anos tem sido grande.[5] Foi nessa fase que a área tomou corpo pela especificidade dos objetos e dos problemas que se propõe a descrever. E seu campo de estudos se configurou menos em função de seus métodos e modelos do que de seu escopo: o *texto*, ou o *discurso*.

Por terem acepções bastante diversas, tais termos técnicos – ora tomados como sinônimos, ou quase sinônimos, ora empregados para referenciar entidades diferentes – acabaram gerando denominações igualmente variadas para a disciplina, designando tipos diferenciados de pesquisas.

Dentre os inúmeros autores que distinguem *texto* de *discurso* está Koch, para quem

> [...] *discurso* é toda atividade comunicativa de um locutor, numa situação comunicativa determinada, englobando não só o conjunto de enunciados por ele produzidos em tal situação – ou os seus e os de seu interlocutor, no caso do diálogo – como também o evento de sua enunciação. O texto será entendido como uma unidade linguística concreta (perceptível pela visão ou audição), que é tomada pelos usuários da língua (falante, escritor/ouvinte, leitor), em uma situação de interação comunicativa específica, como uma unidade de sentido e como preenchendo uma função comunicativa reconhecível e reconhecida, independentemente de sua extensão.[6]

Em publicações mais recentes, diz a autora que

> [...] o texto pode ser concebido como resultado parcial de nossa atividade comunicativa, a qual compreende processos, operações e estratégias que têm lugar na mente humana, e que são postos em ação em situações concretas de interação social.
>
> [...] Desta perspectiva, então, podemos dizer, numa primeira aproximação, que textos são resultados da atividade verbal de indivíduos socialmente atuantes, na qual estes coordenam suas ações no intuito de alcançar um fim social, em conformidade com as condições sob as quais a atividade verbal se realiza.

> Poder-se-ia, assim, conceituar o texto como "uma manifestação verbal constituída de elementos linguísticos intencionalmente selecionados e ordenados em sequência, durante a atividade verbal, de modo a permitir aos parceiros, na interação, não apenas a depreensão de conteúdos semânticos, em decorrência da ativação de processos e estratégias de ordem cognitiva, como também a interação (ou atuação) de acordo com práticas socioculturais".[7]

Ainda para ela,

> [...] Dentro da concepção de lingua(gem) como atividade interindividual, o processamento textual, quer em termos de produção, quer de compreensão, deve ser visto também como uma atividade tanto de caráter linguístico, como de caráter sociocognitivo.
>
> Ainda dentro dessa concepção, o texto é considerado como "um conjunto de pistas, representadas por elementos linguísticos de diversas ordens, selecionados e dispostos de acordo com as virtualidades que cada língua põe à disposição dos falantes, no curso de uma atividade verbal, de modo a facultar aos interactantes não apenas a produção de sentidos, como a fundear a própria interação como prática sociocultural.[8]

É essa caracterização do *texto* como forma de realização da linguagem, o fenômeno complexo do qual ele é parte constitutiva, que, a meu ver, revela uma linha de pensamento que se volta prioritária (mas não exclusivamente) para o aspecto de "concretude" (poderia assim dizer) desse tipo específico de atividade social humana que é a verbal.

O *texto*, assim, deixa de ser entendido como uma estrutura acabada e passa a ser abordado no seu próprio processo de planejamento, verbalização e construção. De modo geral, portanto, a Linguística Textual trabalha com textos pragmaticamente delimitados, cujo início e cujo fim são estabelecidos de forma explícita em função do sentido. Esses limites são determinados pela interação, ou seja, de acordo com o jogo de linguagem que se realiza entre indivíduos socialmente atuantes. Trata-se, pois, de um campo de estudos que toma por objeto as manifestações verbais (unidades de sentido) consideradas coerentes pelos interactantes de uma dada situação concreta de comunicação.

Mas que importância adquire esse aspecto de significação do *texto* como uma unidade de triplo caráter – sintática, semântica e pragmática – na Linguística Textual? Vejamos como os conceitos de *coesão* e *coerência* podem lançar luzes sobre essa questão.

Coesão e coerência

Para os estudiosos do *texto*, o que faz com que um texto seja um *texto*, e não um amontoado de frases isoladas, é o que se chama de *textualidade* ou *tex-*

tura. Etimologicamente, o termo é derivado de *tessitura*, que, por sua vez, vem de *tecido*. A metáfora do tecelão, nesse caso, é extremamente apropriada: assim como este, que tece com suas mãos e sua máquina de fiar aquilo que seria sua matéria-prima (os fios), o falante (ou o redator) constrói a *trama* da linguagem a partir de palavras; para isso, ambos dispõem de técnicas de *entrelaçamento* que, no caso do tecelão, resultam num tecido firme e de boa qualidade, e, no caso do falante/redator, num *texto* coeso, o que envolve o domínio de regras gramaticais e de outros aspectos inerentes ao mundo textual. *Textualidade* é, pois, um conjunto de fatores que permitem que um texto seja considerado a unidade básica de manifestação da linguagem. Definidos por Beaugrande e Dressler (1981) em número de sete, os fatores de textualidade recuperam as três dimensões em que se situa o texto, anteriormente mencionadas; são eles: a *intencionalidade*, a *aceitabilidade*, a *situacionalidade*, a *informatividade* e a *intertextualidade* (no nível pragmático), a *coesão* (no nível sintático) e a *coerência* (no nível semântico).

Dado que a *coerência* está diretamente ligada à possibilidade de se estabelecer um sentido global para o texto, sendo o que permite que se estabeleça no texto alguma forma de unidade ou relação significativa entre seus elementos, e dado que isso só se dá na interação, é esse fator *coerência* (ao lado do fator *coesão*) que tem despertado grande interesse por parte dos pesquisadores da área, constituindo-se de grande importância para os estudos nessa linha de trabalho.

Ligada à inteligibilidade de um texto em uma determinada situação comunicativa e à capacidade que o receptor tem para calcular o sentido desse texto, a coerência foi definida por Charolles (1979: 81) como a qualidade que têm os textos de ser reconhecidos como bem-formados pelos falantes, dentro de um mundo possível. Esse movimento de forças, no interior do texto, que vai da sua profundidade à sua superfície, e que se efetiva no momento da interação, seja em termos de produção seja de recepção, acabou levando os estudiosos a distinguir – o que hoje já se tornou consenso na literatura – entre esses dois fenômenos que se interligam de forma absolutamente peculiar: *coerência* e *coesão*.

Apesar de, para Koch, ambos os conceitos, *coesão* e *coerência*, serem o "verso e o reverso" de uma mesma realidade (que é a construção dos sentidos no texto), sua opinião, defendida em diversos trabalhos sobre a questão (Koch, 1984 e 1989; Koch e Travaglia, 1989 e 1990, entre outros), e em concordância com a maioria dos autores que trabalham nesse campo (Beaugrande e Dressler, 1981; Charolles, 1978; Heinemmam e Viehweger, 1991; van Dijk e Kintsch, 1985; entre outros), é a de que se trata de fenômenos distintos:

> [...] Podemos conceituar coesão como o fenômeno que diz respeito ao modo como os elementos linguísticos presentes na superfície textual se encontram interligados entre si, por meio de recursos também linguísticos, formando sequências veiculadoras de sentidos.

[...] A coerência diz respeito ao modo como os elementos subjacentes à superfície textual vêm a constituir, na mente dos interlocutores, uma configuração veiculadora de sentidos.

A coerência, portanto, longe de constituir uma mera qualidade ou propriedade do texto, é resultado de uma construção feita pelos interlocutores, numa situação de interação dada, pela atuação conjunta de uma série de fatores de ordem cognitiva, situacional, sociocultural e interacional.[9]

Daí muitas das pesquisas realizadas na área da Linguística Textual se ocuparem de estudar as marcas, na materialidade linguística, das atividades cognitivo-discursivas realizadas na construção de um texto pelo sujeito social, por entenderem seus estudiosos que são essas marcas e seu inter-relacionamento as responsáveis pela produção de sentidos no jogo comunicativo. A essa concepção subjaz o postulado – já mencionado – de que o sentido não está no texto, mas se constrói a partir dele. É, pois, em função dessa concepção de texto como manifestação da atividade verbal e desse enfoque, digamos, mais "concreto", com um certo teor de "materialização", característico de seus estudos, dentro de uma teoria acional de linguagem, que a Linguística Textual em muito pode contribuir com o ensino da língua. Dentro da concepção de que cabe ao linguista não só achar as coisas no texto, mas mostrar como elas ali funcionam (Charolles, 1987), as análises desta área específica dos estudos linguísticos revelam-se bastante produtivas para quem também toma o texto – principalmente o escrito – como objeto de partida e de chegada, embora com outros propósitos (em uma instância bastante diferenciada e sob condições bem outras), como é o caso do professor de Língua Portuguesa.

NOTAS

[1] Tese de Doutorado em Linguística, de mesmo título, realizada sob orientação da Profa. Dra. Ingedore Grunfeld Villaça Koch, e apresentada ao IEL da Unicamp, em 1998.
[2] I e II são escolas estaduais, III é uma escola municipal (Campinas), IV e V são escolas particulares e VI é uma escola de redação.
[3] Termo não dicionarizado, forma de neologismo bastante comum no discurso dos colegas professores de Língua Portuguesa, que será aqui utilizada como sinônimo de refazimento, reestruturação, reescrita.
[4] É propositalmente a forma redutora com que aqui abordo o enorme caminho percorrido pelos linguistas ao longo da história mais recente dos estudos da linguagem. Além de não ser esse o propósito do presente trabalho, e de as informações que dou bastarem para me permitir traçar o quadro teórico que pretendo, atente-se para o fato de haver uma vasta bibliografia sobre o tema, para a qual remeto o leitor.
[5] Para um maior detalhamento desse quadro evolutivo que aqui traço apenas superficialmente, ver Fávero e Koch, 1983, e Koch, 1997.
[6] Koch e Travaglia, 1989, pp. 8-9.
[7] Koch, 1995b, p. 20.
[8] Koch, 1997, p. 26.
[9] Koch, 1997, op. cit., p. 42.

A CORREÇÃO (O TURNO DO PROFESSOR): UMA LEITURA

Iniciei a análise dos textos do *corpus,* dos conjuntos de redações compostos por escrita e reescrita(s), fazendo a leitura da primeira versão elaborada pelo aluno, por ser esta a que é tomada como objeto privilegiado de correção pelos professores. Dos nove professores-sujeitos da pesquisa apenas dois (um de escola estadual e outro de escola particular) deixam marcas de correção também nas reescritas. A esmagadora maioria não intervém efetivamente no texto-produto das versões intermediárias ou finais, como o faz relativamente à primeira versão.

O que foi possível confirmar, nessa leitura inicial das produções, é aquilo que, via de regra, já se sabe: que o trabalho de correção tem o objetivo de chamar a atenção do aluno para os problemas do texto. A tarefa de corrigir é, assim, uma espécie de "caça erros", já que o professor, quando intervém por escrito, em geral dirige a sua atenção para o que o texto tem de "ruim", não de "bom"; são os "defeitos", e não as "qualidades" que, com raríssimas exceções, são focalizados. A correção consiste, dessa forma, no trabalho de marcar no texto do aluno as possíveis "violações" linguísticas nele cometidas contra uma suposta imagem do que venha a ser um bom texto. Por essa razão, pode-se sem sombra de dúvidas dizer que a leitura feita pelo professor, via correção, não é a mesma que a leitura realizada por um leitor comum.

Ora, quando lemos alguma coisa, como meros falantes da língua, partimos do princípio de que aquilo nos faz algum sentido, é coerente para nós. O conceito de *coerência,* tal como tem sido proposto pelos estudiosos da Linguística Textual, é bastante complexo, como vimos, até porque abarca diferentes aspectos e/ou traços de um único fenômeno. Mas para os fins desta discussão importa, como fazem Koch e Travaglia, reconhecer que

> [...] a coerência está ligada à possibilidade de se estabelecer um sentido para o texto, ou seja, ela é o que faz com que o texto faça sentido para os usuários, devendo, portanto, ser entendida como

um princípio de interpretabilidade, ligada à inteligibilidade do texto numa situação de comunicação e à capacidade que o receptor tem para calcular o sentido deste texto.[1]

Também outros autores, como Browm e Yule (1983) e Charolles (1987), afirmam que os falantes sempre agem como se o texto fosse coerente: enquanto um quer sempre produzir um texto que faça sentido, o outro sempre vê a produção daquele como algo feito para ter sentido. Assim, em geral, o recebedor dá um "crédito de coerência" ao produtor: tudo faz para calcular o sentido do texto e encontrar sua coerência. O produtor, por sua vez, conta com essa "cumplicidade" do recebedor para com o texto, assim como com sua capacidade de pressuposição e inferência. Eventuais falhas do produtor, quando não percebidas como significativas, são cobertas pela tolerância do recebedor: supondo que o discurso é coerente, ele se empenha em captar essa coerência, recobrindo lacunas, fazendo deduções, enfim, colocando a serviço da compreensão do texto todo conhecimento de que dispõe. A comunicação se efetiva, portanto, porque se estabelece um contrato de cooperação entre os interlocutores.

Entretanto, não é isso que geralmente acontece quando um professor corrige uma redação. Pelo fato de entendê-la como um mero exercício de escrita, já que realizado por um aprendiz, o professor, por princípio, não lhe dá crédito de coerência. Ao contrário, concebe-a como um texto potencialmente incoerente, uma vez que pode, em algum momento, estar falhando na produção do sentido, seja pelo motivo que for. É por isso que lê o texto com a expectativa de encontrar falhas e, assim, fazer jus a seu papel instituído de corretor.

Vale, contudo, dizer que o que se observa, muito raramente (confirmando não ser esta uma preocupação permanente dos professores), é o emprego de expressões do tipo *bom, muito bem, ok*, com a finalidade de reforçar positivamente a escrita do aluno em determinado trecho.

Mas, afinal, o que faz o professor quando assume uma postura não cooperativa ao ler as redações? Qual é o seu comportamento verbal, quando encontra aquilo que normalmente procura no texto do aluno? Ou seja, como procede diante da ocorrência de algo que encara como um problema de produção? Como ele corrige os "erros" das redações?

Segundo o que mostram os dados, o texto interventivo do professor é um texto sobreposto ao texto do aluno, isto é, um texto que se produz "na carona" deste – se quisermos usar uma metáfora. Em outras palavras: para "falar" acerca do texto do aluno, escrevendo, o professor não usa outro espaço físico que não o mesmo utilizado pelo aluno na redação, qual seja, a própria folha de papel já preenchida pela escrita. Assim, o texto corretivo acontece imbricado ao texto de origem. Essa "imbricação", ou sobreposição, pode assumir várias configurações. Mas, segundo a maior parte dos casos, o texto interventivo pode se alocar em três regiões distintas desse espaço partilhado da folha de papel: ou no corpo, ou na margem, ou em sequência ao texto do aluno (o que chamarei de "pós-texto"). Assim, traços, sinais, abreviaturas, expressões ou comentários, produzidos ora na margem, ora no corpo, ora no "pós-texto", sintetizam, de modo geral, as diversas estratégias de correção encontradas nas redações analisadas.

Para descrever essas diferentes formas de intervenção empregadas pelos professores nas produções analisadas, tomarei como referência a tipologia de correção de redações mencionada por uma autora italiana, Serafini (1989), que muito se aproxima da que encontrei nos textos considerados.

Citando um trabalho anterior (Aplebee, 1981, apud Serafini, 1989), a autora reconhece que existem três grandes tendências de correção de redações que, em geral, são seguidas por professores de língua: a *indicativa*, a *resolutiva* e a *classificatória*. Segundo ela, a maioria dos professores oscila entre a primeira e a segunda tendência, sendo a terceira de ocorrência mais rara. No conjunto de redações desta pesquisa, contudo, a menos observada foi a resolutiva, ficando a indicativa e a classificatória equiparadas em termos de ocorrência. As razões pelas quais se dá essa diferença serão comentadas no capítulo "O diálogo correção/revisão (o turno do pesquisador): uma leitura da leitura da leitura".

Antes de dirigir nosso olhar para cada um dos tipos de correção, em separado, a fim de os descrever minuciosamente, uma palavra de esclarecimento quanto ao modo como os professores interferem nos textos dos alunos parece fundamental. Apesar de a descrição que farei poder sugerir a falsa ideia de que os tipos de correção são excludentes, isto é, realizam-se de uma forma que poderíamos chamar de "pura" (tal como transparece da exposição de Serafini) e de maneira "asséptica", pelo contrário, nas redações analisadas, eles ocorrem de um modo, digamos, "híbrido", imbricado. Ou seja, para falar de um determinado problema, os professores, na maior parte dos casos, utilizam-se de mais de uma forma interventiva, mesclando tipos diferentes de correção (a título de reforço ou subsídio à sua forma de expressão). Os exemplos que serão dados podem ilustrar isso.

Para focalizar apenas o aspecto que interessa discutir em cada momento da análise, tornou-se necessário fazer recortes na apresentação dos dados. De modo que, nos exemplos aqui trazidos, estão omitidos os demais trechos das redações não pertinentes à discussão em tela. Para efeito de medida do recorte, pautei-me pela coerência de cada segmento.

Como roteiro de leitura desses exemplos, sugiro que se leia primeiro o texto do aluno, depois o do professor (as correções) e, por fim, as minhas observações. O parêntese indica a redação de onde foi retirado o exemplo, constando o professor, o tipo de escola (pública – sinalizada por "pub." – ou particular – "par."), o aluno, o ano escolar (se do ensino médio, "e.m.") e o número do texto em nosso cadastro dos dados. Embora os dados tenham sido coletados antes da Deliberação 73/2008 do Conselho Estadual de Educação (que regulamenta a implementação do ensino fundamental de nove anos no estado de São Paulo),[2] em todos os exemplos apresentados a seguir, a referência ao ano escolar está em conformidade a esta deliberação.

Dada a excessiva poluição visual dos originais, decorrente da sobreposição de escritas (professor/aluno/1ª versão/2ª versão), e da provável dificuldade, por parte do leitor deste trabalho, de discernir cada uma delas, em função do efeito anulador que o processo de escaneamento aqui utilizado necessariamente tem sobre algumas das marcas de autoria dos sujeitos envolvidos – como a própria letra ou as diferenças de cor de tinta (caneta azul, vermelha, preta, lápis etc.) perfeitamente visíveis no original –, decidi parafrasear (nas observações – OBS. – que seguem os exemplos) cada episódio de correção apresentado, descrevendo, muitas vezes, o óbvio. Assim, tais observações são comentários meus relativamente ao texto do aluno e/ou do professor, com vistas a explicitar melhor o dado analisado (seja de correção, seja de revisão).

Passemos, então, à descrição dos referidos tipos de intervenção.

A correção indicativa

No que diz respeito à chamada correção *indicativa*, a referida autora diz:

> A correção indicativa consiste em marcar junto à margem as palavras, as frases e os períodos inteiros que apresentam erros ou são pouco claros. Nas correções desse tipo, o professor frequentemente se limita à indicação do erro e altera muito pouco; há somente correções ocasionais, geralmente limitadas a erros localizados, como os ortográficos e lexicais.[3]

Este tipo de correção ocorre na esmagadora maioria dos casos; ou seja, todos os professores fazem uso da estratégia indicativa de correção, com maior ou menor frequência. A seguir, relaciono as formas pelas quais eles têm por objetivo apontar os problemas para o aluno, e apresento, em cada caso, o respectivo exemplo. Como se verá, as correções indicativas ocorrem tanto na margem do texto do aluno (tal qual postula Serafini), como no próprio corpo da redação (conforme encontrei nos textos analisados).

ESTRATÉGIAS INDICATIVAS NO CORPO DO TEXTO

- o professor circunda (ou sublinha) a palavra em que ocorre o problema (é o caso de *deichou,* no Exemplo 1, primeira redação reproduzida na sequência de exemplos a seguir);

Exemplo 1 (I./pub./Glauco/8º – T26)

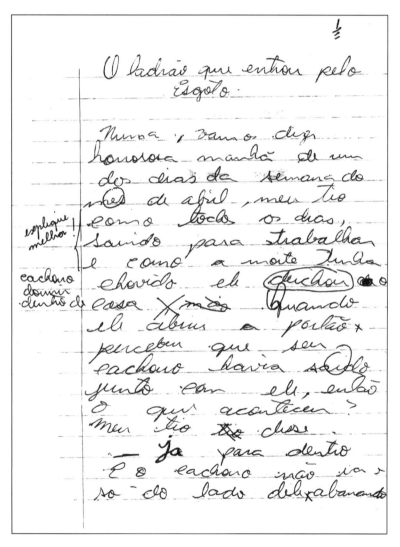

OBS.: I. circunda *es* (em *mês*), toda a palavra *deichou*, e o *i* (de *saido*), para apontar os erros ortográficos. E traça um "X" após *casa*, para marcar a pontuação.

- o professor circunda (ou sublinha) a sequência de letras onde se localiza o problema (é o caso de *es*, em *mês*, no Exemplo 1);
- o professor circunda (ou sublinha) a forma problemática (é o caso de *i*, em *saído*, no Exemplo 1);
- o professor traça um "X" no local de ocorrência do problema (é o caso do "X", após *casa*, no Exemplo 1);
- o professor traça sinais acompanhados de expressões breves, na sequência linguística próxima à ocorrência do problema (é o caso da seta, no Exemplo 2):

Exemplo 2 (Z./pub./Joelma/6º – T55)

OBS.: Z. traça uma seta sob a expressão *Parágrafo*, acima de *Era um dia*, no início do texto de Joelma, para sinalizar a omissão da marca de parágrafo.

ESTRATÉGIAS INDICATIVAS NA MARGEM DO TEXTO

- o professor traça um "X" na direção da linha onde ocorre o problema (é o caso dos "X" traçados por C. na margem do texto de Patrícia, no Exemplo 3):

Exemplo 3 (C./pub./Patrícia/6º – T32)

[manuscrito]

OBS.: C. traça vários "X" na margem do texto de Patrícia, para apontar os erros ortográficos.

- o professor traça um asterisco, na direção da linha onde ocorre o problema (ver asteriscos na margem, no Exemplo 4):

Exemplo 4 (E./par./Rogério/8ª – T118)

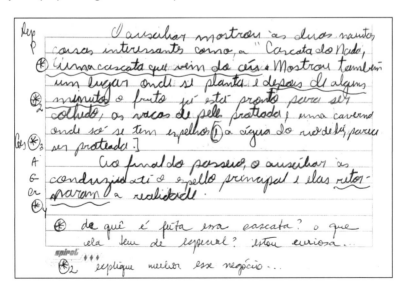

OBS.: Faço asteriscos (acompanhados de outros símbolos) na margem do texto de Rogério, para fazer referência ao "bilhete" final, onde repito o sinal.

- o professor traça linha(s) vertical(is) paralela(s), chave(s) ou colchete(s), na direção do trecho onde ocorre o problema (ver a chave na margem, no Exemplo 5):

Exemplo 5 (I./pub./Nelzita S./8º – T7)

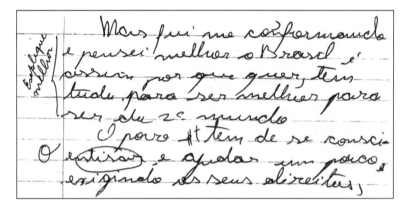

OBS.: I. traça uma chave, na margem do texto de Nelzita, para indicar o segmento a que se refere o comentário *Explique melhor*, também na margem.

Assim, é possível dizer que a correção *indicativa* consiste na estratégia de simplesmente apontar, por meio de alguma sinalização (verbal ou não, na margem e/ou no corpo do texto), o problema de produção detectado. E por uma questão de rigor terminológico, não diria, como Serafini, que nesse tipo de correção o professor "altera muito pouco", simplesmente porque ele não altera o texto, somente *indica* o local das alterações a serem feitas pelo aluno.

Esse tipo de correção é o mais largamente empregado pelos professores-sujeitos, seja como único recurso de correção, seja como reforço às demais formas interventivas.

Por ora, não analisarei a natureza linguística dos problemas focalizados por esse tipo específico de correção, até porque há todo um capítulo mais adiante (o de número 3) produzido com esse objetivo.

Vamos ao segundo tipo de correção.

A correção resolutiva

O segundo tipo de estratégia de intervenção escrita mencionado pela autora é a correção *resolutiva*, que

> [...] consiste em corrigir todos os erros, reescrevendo palavras, frases e períodos inteiros. O professor realiza uma delicada operação que requer tempo e empenho, isto é, procura separar tudo o que no texto é aceitável e interpretar as intenções do aluno sobre trechos que exigem uma correção; reescreve depois tais partes fornecendo um texto correto. Neste caso, o erro é eliminado pela solução que reflete a opinião do professor.[4]

A correção resolutiva foi o método de abordagem menos encontrado no conjunto de redações analisadas. E assim como pude verificar nas correções indicativas, nas de cunho resolutivo há uma variação na forma da intervenção que vale a pena ser mencionada. Há correções resolutivas com ou sem indicação. Mas, de um modo geral, elas se concentram mais no corpo do texto que na margem ou "pós-texto".

Dado que a resolutiva é uma tentativa de o professor assumir, pelo aluno, a reformulação de seu texto, não me parece surpreendente que eu tenha encontrado estratégias de correção resolutivas nos mesmos moldes das operações linguísticas típicas que os escritores realizam quando reescrevem seus próprios textos, a saber: *substituição, adição, supressão* e *deslocamento* (Fabre, 1987, Fiad, 1991 e também Marcuschi, 1994).

Seguem, pois, com os seus respectivos exemplos, as diversas maneiras pelas quais os professores apresentam ao aluno uma solução para o problema encontrado, seja acrescentando, retirando, substituindo ou mudando de lugar partes do texto.

ESTRATÉGIAS RESOLUTIVAS NO CORPO DO TEXTO

Estratégia de adição: o professor acrescenta forma(s) no espaço interlinear superior à linha em que ocorre o problema (ver Exemplo 6):

Exemplo 6 (I./pub./Nelzita S./8° – T7)

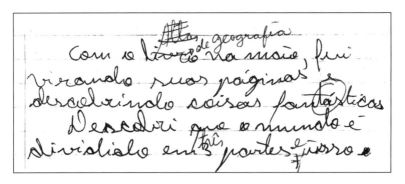

OBS.: I. acrescenta *de Geografia* à sequência *Com o livro na mão*, para especificar melhor a referência feita por Nelzita.

Estratégia de substituição: o professor reescreve a forma substitutiva no espaço interlinear superior à linha em que ocorre o problema (ver Exemplo 7):

Exemplo 7 (I./pub./Nelzita S./8° – T6)

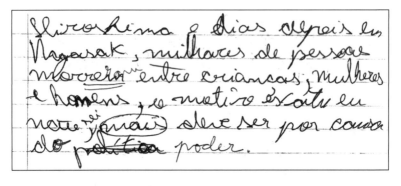

OBS.: I. acrescenta os morfemas modo-temporal (*ra*) e número-pessoal (*m*) a *morrem*, apresentando a alteração a ser feita.

Estratégia de deslocamento: o professor reescreve, em outro lugar do texto, a forma problemática, além de indicar o item a ser deslocado (veja-se o Exemplo 8):

Exemplo 8 (Z./pub./Joelma/6º – T55)

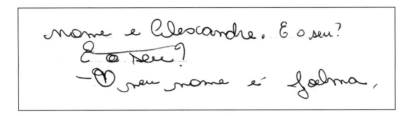

OBS.: Z. risca *E o seu?* (fazendo, neste caso, uma supressão) e o reescreve na linha anterior do texto de Joelma, apresentando o deslocamento a ser feito para alterar a paragrafação.

Estratégia de supressão: o professor risca a forma problemática (ver Exemplo 9):

Exemplo 9 (I./pub./Nelzita S./8º – T6)

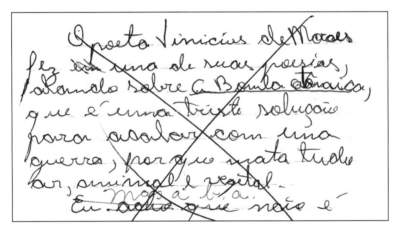

OBS.: I. risca *em* (na sequência *O poeta Vinícius de Moraes fez em uma de suas poesias*), para indicar a Nelzita a eliminação desse item lexical. O grande "X" é feito pela aluna depois da correção da professora.

ESTRATÉGIAS RESOLUTIVAS NA MARGEM DO TEXTO

- o professor escreve a forma alternativa na direção da linha em que ocorre o problema (ver Exemplo 10):

Exemplo 10 (N./par./Domitila/6º – T59)

> de rir.
> *uma* Passou 1̲ hora de confusão
> até acalmaram a doida e
> prenderam a raça no ba̲n̲
> *ns* heiro da empregada.
> Quando bateu meia-noi

OBS.: N. escreve *uma* por extenso, na margem do texto de Domitila, referindo-se a *Passou 1 hora*.

ESTRATÉGIAS RESOLUTIVAS NO "PÓS-TEXTO"

- o professor escreve, no "pós-texto", a forma alternativa à forma problemática (ver Exemplo 11):

Exemplo 11 (C./pub./Patrícia C./5º – T31)

> Patrícia   n: 32
> 5ªS   03/06/88
>
> Uma brincadeira maliciosa.
>
> 16:0' susa... [texto manuscrito pouco legível]
> ...
>
> beijá-la
> Gláucia
> história

OBS.: C. escreve corretamente, no "pós-texto", as palavras *beijá-la*, *Gláucia* e *história*, circundadas no corpo.

44

Como se pode ver, a grande concentração de resolutivas se dá no corpo do texto, sendo pouco frequentes as resoluções na margem e menos ainda no "pós-texto". Além disso, vale frisar que, na maior parte dos casos de correção resolutiva, há igualmente indicações, a título de reforço. No último exemplo citado, especificamente, trata-se de uma indicação das formas a serem substituídas, sendo que no lugar de fazer a operação *in loco*, o professor opta por fazê-la no "pós-texto" da aluna.

Isso me permite dizer que as correções de caráter indicativo descritas anteriormente também incidem sobre as quatro operações de reformulação textual mencionadas (adição, substituição, deslocamento e supressão), e que, ao indicar os problemas para o aluno, o professor nada mais faz do que meramente apontar os locais deste operar em seu texto, seja substituindo, seja retirando, seja acrescentando ou deslocando formas.

Passemos, agora, ao terceiro tipo de correção encontrado nas redações analisadas.

A correção classificatória

A terceira estratégia de correção de redação apontada por Serafini é a chamada correção *classificatória*:

> Tal correção consiste na identificação não ambígua dos erros através de uma classificação. Em alguns desses casos, o próprio professor sugere as modificações, mas é mais comum que ele proponha ao aluno que corrija sozinho o seu erro. [...] Frente ao texto
> *Ainda que eu ia a praia todos os verões...*
> o professor sublinha a palavra *ia* (como no caso da correção indicativa) e escreve ao lado a palavra *modo*. O termo utilizado deve referir-se a uma classificação de erros que seja do conhecimento do aluno (obviamente, neste caso, o modo do verbo é a fonte do erro).[5]

Do grupo de professores desta pesquisa, apenas Z. (que adota com mais frequência a forma resolutiva de intervenção) não faz uso do método classificatório de correção (exceto no caso específico em que deseja dizer ao aluno que o problema é de pontuação). Todos os demais professores-sujeitos têm por método a utilização de um certo conjunto de símbolos (normalmente letras ou abreviações), escritos em geral à margem do texto, para classificar o tipo de problema encontrado. Essas letras, conhecidas dos alunos, fazem parte de um código de correção que varia de professor para professor. Em geral, são utilizadas as letras iniciais de um termo metalinguístico referente à natureza do problema em questão. Além de letras, usam-se também outros sinais, como mostrarei.

Importa alertar para o fato de que, assim como ocorre nos casos de resolutiva, nos de correção classificatória a indicativa também marca presença, exercendo uma função de reforço expressivo altamente significativa no processo interlocutivo professor/aluno.

Esse tipo classificatório de correção requereu-me um trabalho de interpretação dos símbolos que o compõem, para o que tive de contar com o auxílio dos respectivos professores usuários. A seguir, apresento a relação completa dos símbolos metalinguísticos classificatórios empregados pelos professores-sujeitos nas redações analisadas:[6]

SÍMBOLO	SIGNIFICADO	PROFESSOR USUÁRIO
A	Acentuação	A., C., E., I., Ml., Mt., N., S.
Amb	Ambiguidade	E.
D	Dubiedade	A.
Coes	Coesão	E.
Coer	Coerência	E.
?	Confuso	C., E., I., Mc., N., S.
CP/Col Pron	Colocação Pronominal	E.
CN	Concordância Nominal	E.
C	Concordância	I., Mc., Mt.
CV	Concordância Verbal	C., E.
DG	Desvio Gramatical	A.
Cr	Crase	E.
DL	Desenho da Letra	E.
TL	Traçado da Letra	A.
DD	Discurso Direto	E.
DI	Discurso Indireto	E.
DS	Divisão Silábica	N.
EI	Erro de Informação	C.
EF	Estrutura da Frase	E.
Fr	Frase malconstruída	C.
FN	Foco Narrativo	E.
FV	Forma Verbal	A., E.
G	Grafia	E.
IL	Impropriedade Lexical	Mc., Mt.
IV	Impropriedade Vocabular	A., E.
Voc	Vocabulário	C.
M	Maiúscula	C., E., N.
m	Minúscula	E.
LO	Linguagem Oral	A., E.
O	Ortografia	A., C., E., I., Mc., Mt., N., S.

Pfç	Paragrafação	C.
d/*	Parágrafo	E., I., Mt., N., Z.
X	Ponto Final	C.
P	Pontuação	A., C., E., I., Mc., Ml., Mt., N., S., Z.
PDD	Pontuação do Discurso Direto	E.
DD	Discurso Direto	E., I.
PDI	Pontuação do Discurso Indireto	E.
Prep	Preposição	E.
Pron/Pr	Pronome	E.
Pron Rel	Pronome Relativo	I.
Rd/Red	Redundância	A., E., Mc.
Rg/Reg	Regência	C., E., I.
R/Rep/Rp	Repetição	A., C., E., Mc., N.
S/Seq	Sequenciação	A., E.
TV	Tempo Verbal	C., E.
x	Vírgula	C.

Evidentemente, nesse trabalho de identificação do conjunto de símbolos, deparei com algumas dificuldades, que me parecem sintomáticas do próprio estilo classificatório de correção. Algumas classificações se revelavam extremamente claras, objetivas, exemplares mesmo, de cada tipo de problema referenciado pelo código; outras não, o que me permite discordar de Serafini, quando diz que a classificatória "consiste numa identificação não ambígua dos erros". Mas como esse é um aspecto que me interessa discutir com mais cuidado, deixo-o para o capítulo "O diálogo correção/revisão (o turno do pesquisador): uma leitura da leitura da leitura".

Vejamos o quarto e último tipo de correção encontrado nas redações analisadas.

A correção textual-interativa

Além de constatar, no *corpus*, a existência dessas três categorias mais gerais de correção propostas por Serafini (1989), encontrei também uma outra espécie de intervenção, não prevista pela autora em sua tipologia, que chamarei de correção *textual-interativa*. Trata-se de comentários mais longos do que os que se fazem na margem, razão pela qual são geralmente escritos em sequência ao texto do aluno (no espaço que aqui apelidei de "pós-texto"). Tais comentários realizam-se na forma de pequenos "bilhetes" (manterei as aspas, dado o caráter específico desse gênero de texto) que, muitas vezes, dada sua extensão, estruturação e temática, mais parecem verdadeiras cartas.

Esses "bilhetes", em geral, têm duas funções básicas: falar acerca da tarefa de revisão pelo aluno (ou, mais especificamente, sobre os problemas do texto), ou falar, metadiscursivamente, acerca da própria tarefa de correção pelo professor.

Os "bilhetes" se explicam, pois, em face da impossibilidade prática de se abordarem certos aspectos relacionados ao trabalho interventivo escrito por meio dos demais tipos de correção apontados. Se resolver ou indicar no corpo, assim como indicar ou classificar na margem, não parecem satisfatórios, o professor recorre a essa maneira alternativa de correção, relativamente aos tipos apontados por Serafini. E o espaço físico onde, via de regra, ele vai operar por meio dessa forma específica de mediação é o "pós-texto" – que não é nem o corpo, nem a margem, mas aquele espaço em branco, na folha de papel, que sobra devido ao não preenchimento pela escrita do aluno. De modo que estarei me referindo a esse espaço físico ora por meio da expressão "pós-texto" – como tenho feito –, ora por meio da expressão "em sequência ao texto", já que tais "bilhetes", na sua grande maioria, são produzidos não tão "colados" (imbricados) à fala do aluno, como as outras correções mencionadas, mas de um modo mais distanciado dela fisicamente.

Esse distanciamento, visível no papel em termos espaciais, na verdade reflete a troca de turnos que ocorre na interlocução aluno-produtor/professor-corretor/aluno-revisor. Por ser produzido em momento posterior à "fala" do aluno (sua redação), o "bilhete" se dá, sequencialmente no tempo, após essa fala. É o que mostra com perfeição o caso do Exemplo 12:

Exemplo 12 (S.par./M. Laura/6º – T81)

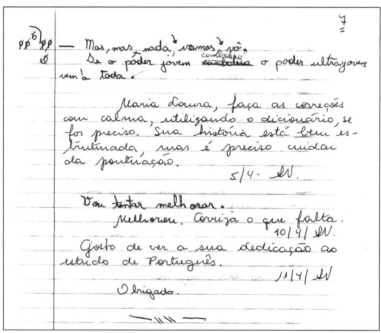

OBS.: Em 5 de abril S. escreve um "bilhete" e obtém uma resposta de M. Laura (*Vou tentar melhorar*). Em 10 e 11 de abril, escreve outros dois "bilhetes" e uma nova resposta surge (*Obrigada*).

Os "bilhetes" de S. não fazem referência apenas à estruturação da narrativa de M. Laura, mas também e, sobretudo, ao seu empenho no trabalho de produção e revisão de texto. Pela resposta que esta dá em sequência ao texto da professora, percebe-se que é este o aspecto da correção que mais lhe toca, já que retomado em sua fala.

Mas, independentemente de sabermos o estatuto linguístico dos problemas apontados por tais "bilhetes", o que os dados nos revelam é que, quando falam da revisão, eles tematizam ora o comportamento verbal do aluno, ora seu comportamento não verbal. O que se percebe é que, quando o professor não está preocupado em falar dos problemas do texto em si, mas, sim, de outros aspectos relacionados à tarefa de revisão (que ele vê ou como negativos ou como positivos), é por dois motivos que o faz: ou para elogiar o que foi feito pelo aluno (aprovando como foi feito o que foi feito), ou para cobrar o que não foi feito.

A maioria absoluta das correções textuais-interativas que incentivam o trabalho de reescrita pelo aluno, reforçando positivamente a revisão realizada, ocorre na forma de "bilhetes" que revelam a existência de uma certa afetividade entre os sujeitos envolvidos, como se pode ver pelo Exemplo 13:

Exemplo 13 (N./par./Roberta B./6º – T61)

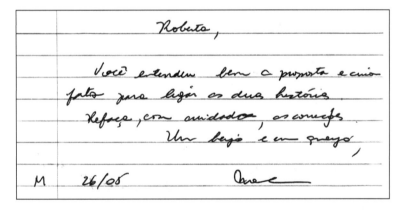

OBS.: O "bilhete" fala positivamente da macroproposição do texto, além de expressar um incentivo carinhoso de N. ao trabalho de Roberta.

Esse "bilhete", como se vê, é uma resposta para além da *réplica* (Bakhtin, 1997) da própria revisão, pois coloca a descoberto justamente a relação de interação entre os interlocutores. O fato de M. Laura responder ao "bilhete" de S., travando com esta um verdadeiro diálogo por escrito, é revelador de como essa correção discursiva é altamente dialógica, conforme mostrarei no capítulo "O diálogo correção/revisão (o turno do pesquisador): uma leitura da leitura da leitura".

Essa troca de "bilhetes" entre os sujeitos nada mais é do que a expressão máxima da *dialogia* (Bakhtin, 1997) constitutiva desse modo especial de correção não codificada. É, pois, a marca por excelência do diálogo – altamente produtivo – entre esses sujeitos que tomam o texto e o trabalho com o texto por objeto de discurso.

Mas, quando esses "bilhetes", no lugar de reforçar positivamente, cobram o trabalho de reescrita não realizado pelo aluno (e, ao contrário, reforçam pelo negativo), acabam por assumir formas como a ilustrada pelo Exemplo 14.

Exemplo 14A (l./pub./Márcio H./9º – T9)/(p. 1)

OBS.: Ver o comentário referente ao Exemplo 14B.

Exemplo 14B (p. 2)

> 23
>
> tamente, é preciso muita atenção também
>
> preconceito - no título -
> Veja no texto como você escreveu - Cuidado!
>
> No vestibulinho o pessoal tem preconceito contra quem não escreve corretamente as palavras.
>
> Você não corrigiu seus textos nem uma vez, isto faz com que você continue cometendo os mesmos erros desde o "começo".
>
> Você vai me entregar 4 textos novos na 2ª feira e vai corrigir todos os outros textos, se quiser melhorar.
>
> Izabel 20/11

OBS.: I. chama a atenção de Márcio para o trabalho de revisão que não vem sendo realizado com a frequência esperada, reclamando uma mudança de atitude.

Afora casos de incentivo ou de cobrança como os mencionados, os "bilhetes" também podem falar acerca da própria correção do professor, tematizando, assim, metadiscursivamente (num discurso que fala de si mesmo), a forma que assume o texto interventivo (ver Exemplo 15).

Exemplo 15 (E./par./Fernanda D./5º – T94)

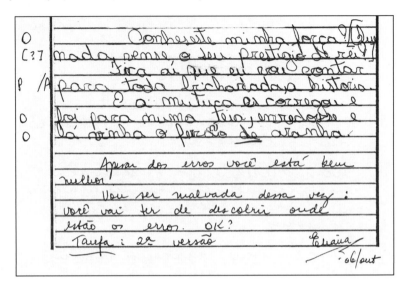

OBS.: Neste "bilhete" refiro-me à forma como a correção se dá: exclusivamente classificatória, sem indicações. E desafio, de modo carinhoso, Fernanda a proceder a uma revisão sem tanto paternalismo.

Contudo, o que na verdade os "bilhetes" mais fazem (além de incentivar ou cobrar o aluno), é tentar ir além das formas corriqueiras e tradicionais de intervenção para falar dos problemas do texto. A correção textual-interativa é, pois, a forma alternativa encontrada pelo professor para dar conta de apontar, classificar ou até mesmo resolver aqueles problemas da redação do aluno que, por alguma razão, ele percebe que não basta via corpo, margem ou símbolo. Vejamos alguns exemplos, observando-se inicialmente o Exemplo 16.

Exemplo 16A (E./par./Leandra I./2ª e.m. – T135)/(p. 1)

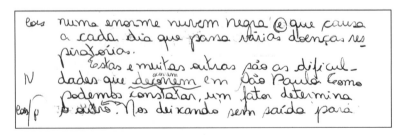

OBS.: Ver o comentário referente ao Exemplo 16B (p. 2).

52

Exemplo 16B (p. 2)

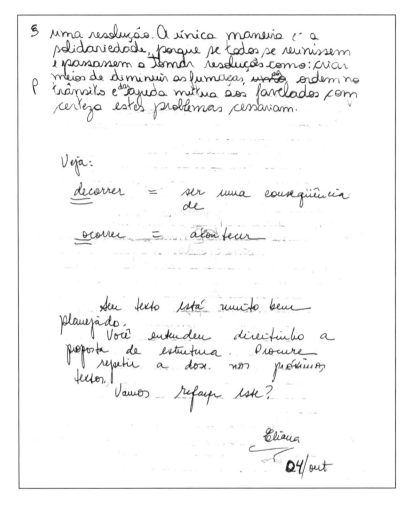

OBS.: Além de sublinhar *decorrem*, no corpo, e classificar com *IV*, na margem, produzo o "bilhete" resolutivo no "pós-texto".

Neste caso, apesar de eu ter utilizado o corpo e a margem, para me referir ao emprego inapropriado do termo *decorrem* (na sequência *dificuldades que decorrem em São Paulo*), acrescento, ainda insatisfeita, um "bilhete", no final. Provavelmente, o faço por supor alguma provável dificuldade de Leandra em compreender a intervenção codificada. A correção textual-interativa, neste caso, assumindo um caráter resolutivo, dá-se como explicitação da correção codificada.

Veja-se outro caso, o Exemplo 17.

Exemplo 17A (A./par./Fernanda R./8º – T65)/(p. 1)

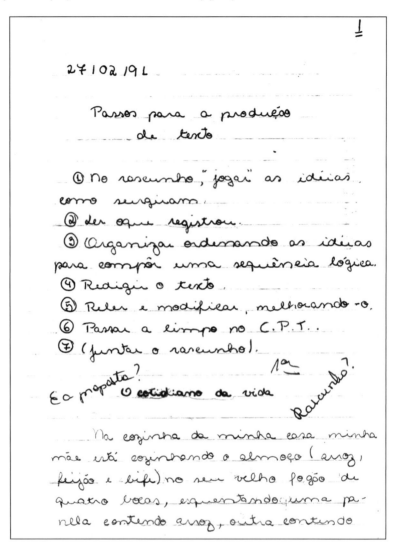

OBS.: Ver o comentário referente ao Exemplo 17B (p. 2).

Exemplo 17B (p. 2)

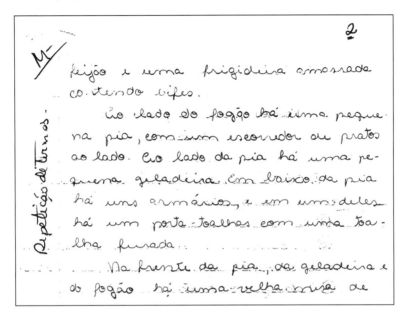

OBS.: O "bilhete" de A., na margem, refere-se à repetição de termos, por Fernanda, ao longo de todo o texto.

Aqui, no lugar de fazer indicações específicas no corpo, ou proceder a uma classificação via código, na margem, A. opta por escrever um "bilhete" para Fernanda. A correção textual-interativa (que aqui assume o tom classificatório) parece se justificar, pois, pela recorrência de um problema ao longo de toda uma extensão de texto.[7] Mais um exemplo: o de número 18.

Exemplo 18A (N./par./Pedro J./6º – T60)/(p. 1)

> O 1º. parágrafo ficou muito grande.
> Ele pode ser dividido em várias partes.

OBS.: Ver o comentário referente ao Exemplo 18B (p. 2).

Exemplo 18B (p. 2)

> Era uma vez uma lagartixa que era detetive e vivia querendo virar um jacaré. Um dia então, a lagartixa viu em um jornal um anúncio sobre o Dr. Sapo. No outro dia ela foi até lá seguindo suas pistas e chegou no consultório pedindo um tratamento para virar jacaré. Quando saiu do consultório tinha uma cabeça maior que o corpo do jacaré.

OBS.: N. não intervém no corpo nem usa códigos, apenas escreve o "bilhete" na margem (neste caso, na página em espelho, já que Pedro não utiliza o verso das folhas de seu caderno – espaço deixado para as intervenções de N.).

Neste episódio, diante da impossibilidade de fazer uso do código, para se referir ao problema de coerência semântica[8] (gerado pelas escolhas de Pedro para dar conta da cadeia coesiva referencial do texto em *um jacaré, o Dr. Sapo, suas pistas, do jacaré*), N. lança mão de um outro recurso, que se lhe apresenta como mais produtivo: o "bilhete". A correção textual-interativa (com função indicativa, neste caso) deve-se, mais uma vez, a um aspecto do texto que foge à abordagem comum dos demais tipos interventivos.

Como é possível perceber, intervenções de tipo textual-interativo, que se dão no formato "bilhete", constroem-se quando o professor toma como objeto de discurso de sua correção não mais apenas o modo de dizer do aluno (como é o caso das demais correções), mas também o dizer desse aluno, ou a atitude comportamental (não verbal) desse aluno refletida pelo seu dizer (ou seu não dizer), a propósito da correção do professor; ou, ainda, a própria tarefa interventiva que ele mesmo, professor, está realizando no momento (e que, igualmente, pode ser tematizada como objeto de discurso desse tipo de correção). Voltarei às intervenções textuais-interativas no capítulo "O diálogo correção/revisão (o turno do pesquisador): uma leitura da leitura da leitura", quando me ocuparei dos problemas de produção aos quais elas remetem.

Após, então, essa descrição geral das diversas formas de intervenção escrita a distância (em ausência, portanto) do professor no texto do aluno, para o que me servi, como referência teórica inicial, da tipologia de Serafini (1989), resta-me proceder ao exame das reescritas (revisões) elaboradas em resposta a cada uma das estratégias de correção apresentadas. Estarei, pois, verificando o que acontece nas refacções dos textos quando a intervenção é de um ou de outro tipo. Ou seja, quero saber qual a natureza das alterações realizadas pelos alunos em suas redações a propósito de correções resolutivas, indicativas, classificatórias ou textuais-interativas.

Suponho que deva haver diferenças. Serão elas significativas?

NOTAS

[1] Koch e Travaglia, 1990, p. 21.
[2] Conforme o disposto na Emenda Constitucional nº 53 e na Lei nº 9.394/96, com as alterações procedidas pela Lei nº 11.274/06.
[3] Serafini, 1989, p. 115.
[4] Idem, p. 113.
[5] Idem, p. 114.
[6] Aqui listo apenas os símbolos efetivamente encontrados nos textos pesquisados (o que não quer dizer que os professores consultados não usassem outros, na ocasião). A ocorrência de mais de um símbolo numa mesma linha do quadro indica uma variação no emprego dos que têm igual valor semântico atribuído pelos seus usuários. Optei pela ordem alfabética de apresentação.
[7] Na verdade, o que nessa intervenção se configura como um problema para A. parece-me mais uma questão de estilo: se esse texto descritivo fosse escrito de outra forma, sem as repetições de expressões nominais definidas (como quer a professora), certamente um trabalho alternativo ao que foi utilizado pela aluna para o estabelecimento da coesão referencial seria necessário.
[8] Explicarei o conceito na seção "Episódios distintos de correção", do capítulo "O diálogo correção/revisão (o turno do pesquisador): uma leitura da leitura da leitura".

A REVISÃO (O TURNO DO ALUNO): UMA LEITURA DA LEITURA

Quando o aluno refaz, reescreve, reelabora, reestrutura, retextualiza, enfim, revisa o próprio texto, em função de uma correção escrita feita pelo professor, a nova versão consiste, geralmente, numa reescrita de todo o texto.

Quando isso não acontece, por uma razão qualquer (inclusive de ordem metodológica instituída pelo próprio professor), as alterações de refacção, como já apontei, acabam sendo feitas *in loco*, isto é, no próprio corpo da redação, ou, então, numa espécie de errata, no "pós-texto".

Segundo pude notar, as alterações *in loco* ocorrem de duas formas:

- ou por meio de uma reescrita sobreposta à escrita original – e o que se observa é uma coocorrência de formas, perceptível pelas diferenças de tonalidades de tinta no papel (o uso de diferentes canetas denuncia diferentes momentos de escrita), pelos borrões (que apontam uma anulação explícita do texto original), ou pelo traçado diferenciado da letra do autor (a denunciar momentos diferentes de empunho da caneta);
- ou por meio de apagamento da 1ª versão (observável pelos vestígios de rasuras feitas com borracha ou corretivo químico) e posterior reescrita. Em casos como este último, se o empenho do aluno em apagar a forma original foi grande, ficou impossível recuperá-la, para efeito desta análise.

Revisões *in loco* foram encontradas em redações de alunos de duas escolas. Na escola IV, alunos do 6º ano, cujos textos foram produzidos a lápis, apagaram a versão original (corrigida pelo professor) com borracha e sobrepuseram-lhe a 2ª versão – nota-se pelos vestígios de grafite (algumas sombras), deixados apesar do apagamento. Na escola V, os alunos, cujos textos foram escritos a tinta, incorporaram a 2ª versão às entrelinhas do texto original (corrigido pelo professor), sem apagá-lo, mas riscando-o. Já revisões em forma de errata "pós-texto" só foram encontradas em redações de alunos da escola VI, e apenas nos casos em que havia uma solicitação expressa do professor para que o texto não fosse reescrito em sua totalidade (do tipo: *Tarefa: revisão local*).

A partir de agora, portanto, além da primeira versão das redações, passo a apresentar a sua respectiva reescrita, a fim de facilitar uma leitura comparativa entre as textualizações.

Reescritas pós-resoluções

Uma leitura de redações reescritas em decorrência de correções de tipo resolutivo revelou que não há praticamente nenhum problema que não seja revisado pelos alunos ao procederem a tarefa de refacção. Ao reescrever seu texto, o aluno copia praticamente todas as alterações apresentadas – geralmente *in loco* – pelo professor, já que parece não encontrar nenhuma dificuldade para apenas incorporá-las ao texto original. Eis uma evidência no Exemplo 19.

Exemplo 19A (Z./pub./Mahatma/6º – T54)/(1ª versão)

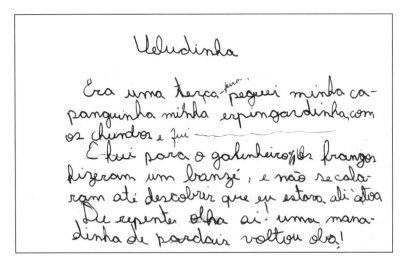

OBS. (1ª versão): Z. insere *-feira* (na sequência *Em uma terça peguei minha capanguinha*); desloca *E fui* para o parágrafo anterior; coloca o ponto final após *galinheiro*; acrescenta a maiúscula *O* em *os frangos*, e separa *atoa* com um pequeno traço vertical, acrescentando-lhe a crase.

Exemplo 19B (2ª versão)

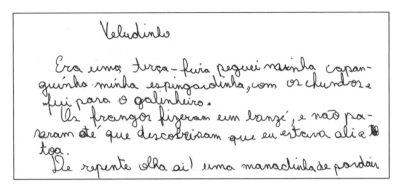

OBS. (2ª versão): Além de incorporar as soluções apontadas por Z. (com exceção da crase em *a toa*), Mahatma substitui *até descobrir* por *até que descobriram*.

Muito embora Mahatma tenha seguido as resoluções de Z., como um soldado, há, no conjunto de textos analisados, exceções a esse comportamento generalizado de se acatarem todas as modificações sugeridas pelas resoluções do professor. Podem ser encontrados casos em que o aluno não incorpora as alterações propostas. Mas essa não é a regra, assim como não é comum o aluno tomar a iniciativa de corrigir o que o professor não solicitou (como fez Mahatma).

Na verdade, o professor que resolve os problemas do texto mostra-se interessado muito mais em dar a solução para o aluno do que em levá-lo a pensar em uma possível solução.

Em virtude de minha experiência pessoal com ensino de redação, posso afirmar que o grande proveito possível que o aluno pode tirar, em função de uma intervenção do professor em seu texto, é aquele que advém também de um esforço pessoal seu para a correção dos próprios erros. Uma correção resolutiva poupa o aluno desse esforço, reduzindo-o à simples tarefa de copiar o texto com as soluções já apontadas pelo professor. E não é preciso ter sido professor de Língua Portuguesa para saber que, nesse exercício de cópia, muito pouco (ou quase nada) será aproveitado pelo aluno no que se refere à tarefa de reescrita. O trabalho que, na verdade, deveria ser o de refletir sobre o texto passa a ser o de mecanicamente reproduzi-lo – o que é bem diferente. Enquanto copia, o aluno não se concentrará necessariamente nos seus "erros" ou na natureza linguística desses erros, e isso provavelmente não o levará a refletir sobre como evitá-los numa próxima produção.

Ao monopolizar o trabalho da revisão – e, portanto, da escrita –, o professor passa a ideia de que essa tarefa é sua, não do aluno. Em face disso, este, por sua vez, não se vê no papel de quem tem de ler o texto para encontrar seus possíveis problemas, uma vez que isso já foi realizado por quem é de direito. E, ao que tudo indica, não se sentirá, igualmente, motivado para analisar a natureza linguística de tais problemas, nem para comparar a versão do professor com a sua, a fim de descobrir o porquê das alterações e, assim, aprender o mecanismo da reescrita. Por conseguinte, é provável que apresente um progresso muito insignificante ao longo do ano letivo, já que não foi adequadamente levado a conscientizar-se da multiplicidade de formas linguísticas que a língua oferece, não desenvolvendo, assim, suficientes estratégias de autocorreção que lhe garantam um melhor desempenho em outras produções. Por certo, um aluno que saia da escola sem perceber que um texto é algo passível de alterações pelo seu autor – e não somente pelo professor (mas por este também, além de outros) – terá sérios bloqueios em relação à própria escrita.

Visto o comportamento revisivo do aluno a propósito de correções resolutivas, passemos, então, a verificar como se dá a revisão quando as intervenções do professor são de natureza indicativa.

Reescritas pós-indicações

Diferentemente dos casos de revisão pós-correção resolutiva, nos quais são efetuadas praticamente todas as alterações solicitadas, quando o professor se limita a indicar o problema para o aluno (estratégia, aliás, raríssima no *corpus*, já que, como disse, praticamente não há indicativas "puras"), nem sempre a segunda versão do texto apresenta modificações. Parece-me que isso pode se dar por diversas razões:

- ou o aluno simplesmente não quis executar a tarefa de revisão (e encontrar evidências dos motivos que o levaram a isso é impossível);
- ou o aluno não soube revisar convenientemente seu texto, porque não encontrou uma solução para o problema;
- ou, então, o aluno não revisou porque não compreendeu a correção do professor (pelo fato de esta lhe apresentar problemas de interpretação).

O texto do Exemplo 20 mostra como a não alteração na reescrita pode ser devida à segunda ordem de razão apontada: a dificuldade do aluno em encontrar uma solução para um problema que tenha sido meramente indicado pelo professor.

Exemplo 20A (I./pub./Glauco/ 8º – T27)/(1ª versão)

OBS. (1ª versão): I. apenas indica os problemas ortográficos, circundando *imenças, clateras* e *havistadas*.

Exemplo 20B (2ª versão)

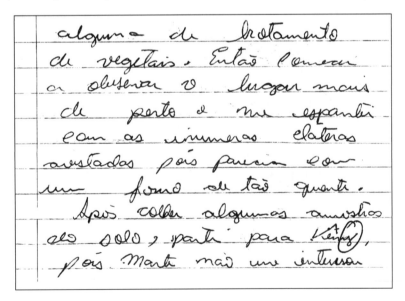

OBS. (2ª versão): Embora altere *havistadas* por *avistadas*, Glauco substitui *imensas clateras* por *inumeras cláteras*, provavelmente por desconhecer a forma *cratera*.

Por que será que, neste caso específico, as alterações se dão dessa forma tão *sui generis*? Como se percebe, das três palavras indicadas por I., somente uma é alterada com sucesso: *avistadas*. As demais estão a nos apontar que um fato curioso está ocorrendo nesse episódio de revisão: o que levou Glauco a substituir *imenças* por *inumeras* foi, certamente, a sua dificuldade em identificar a natureza do problema e, consequentemente, a sua solução. Como a correção de I. só lhe apontou onde estava o erro, sem lhe dizer qual era ele, Glauco se viu num "beco sem saída". A solução por ele encontrada, aliás extremamente criativa, foi fazer hipóteses sobre qual alteração seria satisfatória no contexto. A troca pelo termo *inumeras* (sem acento), mais conhecido por ele, evidencia-nos ter havido uma dificuldade de revisão em face de uma vagueza da correção indicativa de I.

E quanto a *clateras*? Como explicar a solução *cláteras*? Novamente a vagueza da correção parece ter impedido Glauco de perceber que o problema era de ortografia, não de acentuação gráfica, como ele inferiu. Como no caso anterior, ele sabia que "algo ali" estava errado, mas não sabia "o quê". Arriscou, portanto, uma solução que, por ser imprópria, nos mostra como, por falta de uma indicação mais precisa, o aluno pode não alterar adequadamente seu texto, ao reescrevê-lo.

A indicativa "pura", sem reforços adicionais de nenhuma outra espécie, não fornece, pois, pistas suficientes de revisão.

Não sabemos se Glauco tentou uma consulta ao dicionário. Muito provavelmente não (a tentativa com *inumeras* nos leva a inferir que não). Mas, se o fez, é bem possível que tenha encontrado dificuldade para verificar a forma correta da palavra. Certamente não encontraria o termo, já que seu próprio equívoco quanto à grafia – uma hipercorreção (considerando-se a variedade do aluno e sua classe socioeconômica) – o impediria: a partir da sequência inicial *cla* jamais chegaria à forma *cratera*, que era justamente a solução. Isso nos leva a concluir pela forte possibilidade de Glauco não ter sabido corrigir o próprio erro, razão pela qual o manteve ao reescrever o texto.

Portanto, quando a correção é indicativa, o aluno pode deixar de alterar seu texto se lhe falta competência para realizar a tarefa de revisão.

Mas ele também pode deixar de fazê-lo – e isso é o que me interessa discutir – pela terceira ordem de razão apontada, ou seja, se a correção do professor não lhe fizer sentido. É o que se pode observar pelo Exemplo 21 (um caso de incoerência local devida à necessidade de muitas inferências por parte do leitor para o cálculo do sentido do texto):

Exemplo 21A (I./pub./Patrícia/6º – T22)/(1ª versão)

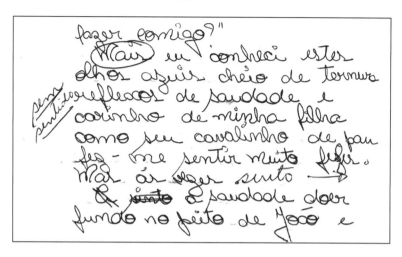

OBS. (1ª versão): I. chama a atenção para a ortografia de *mais*, circundando a forma, e para a incoerência do trecho, escrevendo *sem sentido*, na margem.

Exemplo 21B (2ª versão)

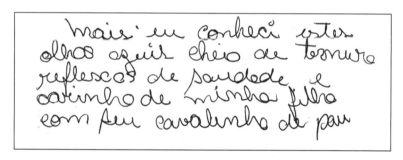

OBS. (2ª versão): Patrícia mantém o trecho praticamente inalterado, tal qual o original.

Diante de uma indicação vaga como a que é feita por I., sem nenhuma pista adicional que delimite o segmento referenciado pela correção, Patrícia fica sem recursos para saber onde está o problema e, evidentemente, como resolvê-lo. A revisão, portanto, deixa de ocorrer pela dificuldade que ela tem de compreender exatamente o sentido da correção, no contexto. Afinal, o que significa exatamente *sem sentido*?

Para Serafini, a correção indicativa pura e simples é inadequada como forma interventiva, pois muitas vezes é ambígua. Esse tipo de correção, segundo ela, não leva o aluno à solução dos seus problemas, especialmente se o erro não vem apontado com precisão (Serafini, 1989: 113).

Como vimos, correções indicativas como essa de I. por certo são difíceis de ser satisfatoriamente compreendidas pelos alunos na refacção de seu texto. Talvez essa seja a razão pela qual, em geral, as indicações encontradas nas redações analisadas se configuram mais como reforços às demais formas interventivas do que como correções em si mesmas.

Uma vez demonstrado que, em resposta a uma correção indicativa, o aluno pode não proceder à revisão, seja por não saber como dar uma resposta adequada à solicitação do professor, seja por não compreendê-la, vamos, agora, ver o que acontece nas reescritas quando a intervenção é de tipo classificatório.

Será que a situação é semelhante?

Reescritas pós-classificações

Uma leitura comparativa entre reescritas efetuadas em virtude de correções indicativas e reescritas realizadas a propósito de correções classificatórias mostrou que as razões pelas quais estas podem ou não se dar são exatamente as mesmas observadas em relação àquelas. Ou seja, diante de um símbolo metalinguístico na margem de sua redação, o aluno pode ou não alterar seu texto, mas, se não o fizer, por certo, será ou por dificuldade na execução da tarefa, ou por dificuldade na compreensão da própria correção realizada pelo professor. Vejamos o Exemplo 22.

Exemplo 22A (I./pub./Nelzita S./8º – T5)/(1ª versão)

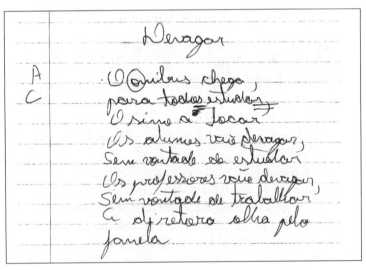

OBS. (1ª versão): I. escreve *A*, na margem, classificando o problema de *onibus* e de *Etá* (que pode ser visto no Exemplo 22B, continuação do texto), além de fazer círculos nas letras não acentuadas no corpo do texto.

Exemplo 22B (2ª versão)

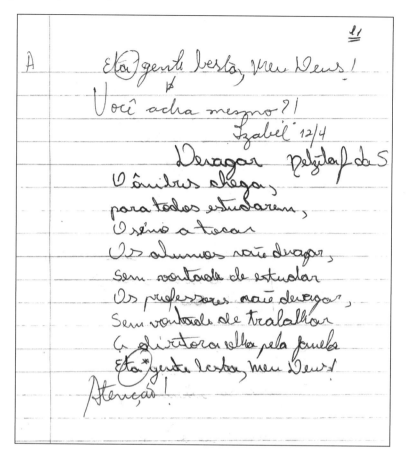

OBS. (2ª versão): Nelzita acentua *ônibus*, mas não retira o acento de *Etá* (o que é tematizado pela nova correção de I., através da supressão resolutiva e do comentário *Atenção!*).

O que chama a atenção neste caso é justamente a não alteração de *Etá* para *Eta*, apesar da alteração de *onibus* para *ônibus*. Se ambos os erros são de acentuação gráfica, que justificativa poderíamos dar para o comportamento de Nelzita nesta 2ª versão? Parece que ela se deve muito mais ao fato de a aluna não ter sabido efetuar a revisão, do que propriamente ao fato de a intervenção da professora ter sido de tipo classificatório. O sinal *A* não é ambíguo: Nelzita sabe o que ele significa (tanto que alterou *onibus* para *ônibus*); o que ela não sabe é como resolver o problema de *Etá*, denunciado pelo *A* da professora.

Já no Exemplo 23 (A-D), outra parece ter sido a razão pela qual o aluno não altera seu texto. Observe-se.

Exemplo 23A (I./pub./Glauco/6º – T27)/(1ª versão, p. 1)

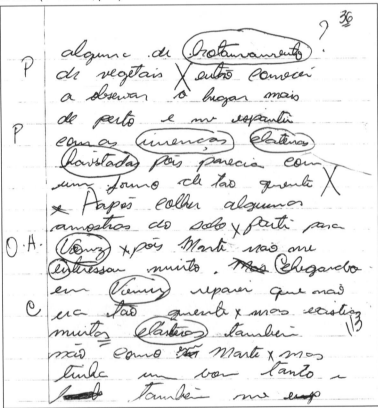

OBS.: Ver o comentário referente ao Exemplo 23B (1ª versão, p. 2).

Exemplo 23B (1ª versão, p. 2)

OBS. (1ª versão): I. sinaliza a concordância verbal com sublinhas (nos *s* finais de *dos minutos*) e com uma seta no também sublinhado morfema *r* do infinitivo impessoal *ter passado*, classificando o problema com *C* na margem. Além disso, insere o morfema *m* plural em *existia*, reforçando a sinalização da concordância com sublinhas no *s* de *muitas* (em *muitas cláteras*) e com *C* na margem.

Exemplo 23C (2ª versão, p. 1)

> Depois dos minutos ter passado, cheguei em marte e por sinal um planeta muito quente e logo imaginei que não tinha vida ali, pois não haveria condição

OBS.: Ver o comentário referente ao Exemplo 23D (2ª versão, p. 2).

Exemplo 23D (2ª versão, p. 2)

> alguma de brotamento de vegetais. Então comecei a observar o lugar mais de perto e me espantei com as inúmeras crateras avistadas pois parecia com um forno de tão quente. Após colher algumas amostras do solo, parti para Kênzy, pois Marte não me interessou muito. Chegando em Kênzy reparei que não era tão quente, mas existiam muitas crateras também não como em Marte, mas tinha um bom tanto e também me impressionou muito algumas

OBS. (2ª versão): Glauco altera *havistadas* e *existia*, mas não altera *ter passado*.

O comportamento de Glauco nesta revisão é interessante: como explicar que ele não altera a concordância assinalada por C. em *ter passado*, mas o faz no caso de *existia* (alterando para o plural *existiam*)? Tudo leva a crer que, apesar de se tratar do mesmo tipo de problema (tanto que a classificação feita por C. é a mesma – *Concordância*), Glauco só altera *existia* em função da resolutiva que C. emprega junto com a indicativa e a classificatória (o acréscimo o morfema de plural *m* à forma singular, no corpo). Muito provavelmente, ele não sabe a que se refere o símbolo *C*, na margem.

Como se vê, tanto nos casos de correção indicativa como nos de classificatória, a revisão pode ou não se efetivar, seja em razão da dificuldade de o aluno encontrar uma solução para o problema focalizado, seja da sua dificuldade em entender o significado do próprio símbolo usado pelo professor. Todavia, como nenhuma dessas dificuldades se coloca para os casos de revisão pós-correção resolutiva, explica-se por que as respostas dos alunos a esse estilo interventivo são sempre positivas.

Mas e se a correção é de ordem textual-interativa? Como se dá o comportamento verbal do aluno-revisor? Será ele parecido com as respostas às intervenções resolutivas? Ou terá traços que o aproximam das respostas às intervenções indicativas e das respostas às classificatórias?

É o que procurarei verificar a seguir.

Reescritas pós-"bilhetes" textuais-interativos

Após comparar os textos reescritos em função de correções textuais-interativas e textos reescritos em resposta às demais espécies de correção, pude observar que há uma nítida diferença entre eles.

Se diante de resolutivas o aluno apenas acata, e se diante de indicativas e classificatórias ele pode hesitar, nos casos de correções-"bilhetes", os textos denotam uma incisiva resposta de sua parte.

Assim, são raros no *corpus* os casos de reescrita pós-"bilhete" que não impliquem, por parte do aluno, um comportamento verbal em resposta – sobretudo em se tratando de primeira versão de texto.

Dos textos analisados, todos os casos em que não houve, por parte do aluno, reescrita da redação após um "bilhete" do professor explicam-se por um destes três motivos:

- ou o "bilhete" foi produzido num texto já reescrito (e o aluno se vê no direito de dar a redação por acabada);
- ou o "bilhete" foi produzido de uma forma menos impositiva (e o aluno entende que pode relegá-lo);

- ou o "bilhete" reclama de um aspecto cuja solução exigiria mais trabalho de sua parte (e o aluno não se mostra disposto a enfrentar o desafio).

Vejamos, inicialmente, como o aluno pode não responder a um "bilhete" simplesmente pelo fato de já ter reescrito seu texto pelo menos uma vez. Observe-se o Exemplo 24.

Exemplo 24A (E./par./Rogério F./8º – T116)/(1ª versão)

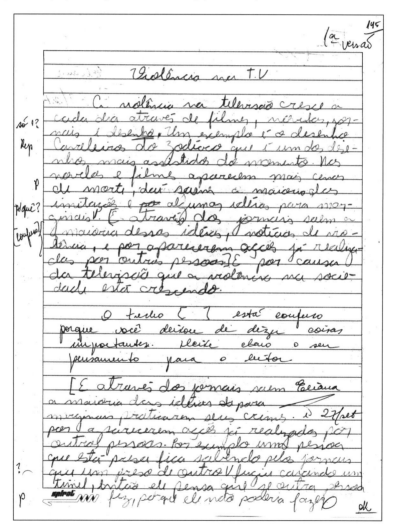

OBS. (1ª versão): Nesta 1ª versão, meu "bilhete" (*você deixou de dizer coisas importantes*) solicita mais informações de Rogério, que procede a uma 2ª versão do trecho no "pós-texto".

Exemplo 24B (3ª versão, p. 1)

Violência

A violência na televisão e na sociedade cresce a cada dia, na televisão através de filmes, novelas, jornais e desenhos e na sociedade em estradas, ruas, residências e praias. Nos dois casos a violência é expressa através de mortes, ciúmes, roubos, assaltos e sequestros.

As consequências disso são a morte e os problemas físicos, mentais e psicológicos. Um ladrão está vendo televisão, aí aparece uma notícia de um outro que assalta o banco, ele pega este relógio e tenta assaltar outro banco. Outro estímulo para tal violência é a fome, sem ter o que comer a pessoa rouba para sua sobrevivência. As drogas quando se elevam na cabeça das pessoas, eles ficam loucos e fazem tudo o que estiverem em suas mentes.

P* = quando você omite (deixa de escrever novamente) o verbo, você deve pôr vírgula, ok?

‖ na televisão, através de filmes (...)

cresce

Exemplo 24C (3ª versão, p. 2)

> Coes = não vi relação entre esse trecho e o anterior. Por que você vai falar do ladrão, agora, no seu texto? Deixe isso claro para o leitor, OK?
>
> IV = há como dizer "pega esta idéia" de forma mais elaborada?
>
> ——— ou ———
>
> Atenção! As suas idéias estão soltas, desconectadas em seu texto! Procure relacionar umas com as outras para que o leitor entenda porque você está escrevendo certas coisas, em certos momentos do texto.
>
> —— Eliana
>
> Tarefa: 2ª versão melhor
>
> 20/out

OBS. (3ª versão): Apesar do meu incisivo "bilhete" nesta reescrita (*As suas ideias estão soltas... procure relacionar umas com as outras...*), Rogério não procede a uma nova reescrita de seu texto.

Neste caso, a redação já havia sido reescrita uma primeira vez (ainda que parafraseando um único trecho). Como, porém, na terceira versão (quando Rogério reescreve todo o texto) há uma reincidência do problema para o qual o primeiro "bilhete" apontava (a falta de clareza do texto), eu acabo produzindo um novo "bilhete": *Coes = ... Deixe isso claro para o leitor.* O fato de não ter havido resposta revisiva por parte de Rogério parece apontar para a existência de um possível limite no trabalho de revisão do texto escolar. Talvez esse exemplo esteja a nos mostrar que deve haver um momento em que o aluno autor se dá conta disso, embora não o explicite verbalmente.

Vejamos, agora, um caso que demonstra que o que pode levar o aluno a não responder uma correção-"bilhete" pode ser justamente a forma não imperativa com que o professor a produz. Observe-se o Exemplo 25.

Exemplo 25A (I./pub./Nelzita S./8º – T7)/(1ª versão)

OBS. (1ª versão): Nelzita produz a 1ª versão de seu texto, que é corrigida por I.

Exemplo 25B (2ª versão)

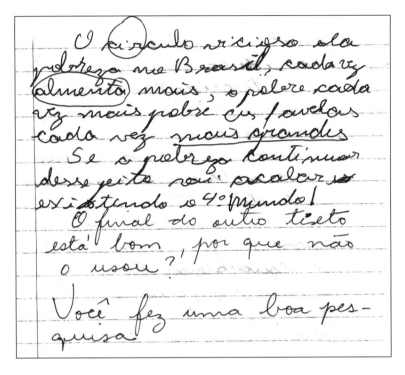

OBS. (2ª versão): O "bilhete" de I. (*O final do outro texto está bom*) faz referência à 1ª versão da redação de Nelzita, bastante reformulada nesta 2ª versão. Entretanto, a aluna não procede à reescrita (3ª versão) de seu texto.

Por certo, neste episódio, a forma de interrogativa do "bilhete" de I. na 2ª versão (*por que não o usou?*) soa com menos força imperativa, daí Nelzita tê-lo desprezado, não reescrevendo seu texto, já que o comentário pode ter sido interpretado como uma observação de menor importância no contexto da correção, como se se tratasse de uma mera sugestão da professora – que, por isso mesmo, pode ou não ser acatada. Além disso, há que se considerar a força do elogio *Você fez uma boa pesquisa*, que muito provavelmente deve ter pesado para que Nelzita se desse por satisfeita com a 2ª versão que fez.

A leitura desses episódios interventivos já deve ter sido útil para igualmente se perceber como, muitas vezes, o aluno também pode deixar de revisar seu texto se o aspecto visado pelo "bilhete" do professor demanda uma retextualização mais trabalhosa, com alterações complexas (de sequências linguísticas maiores ou de todo o texto). Tanto Rogério como Nelzita sabem que refazer seus textos para tentar atender à solicitação do "bilhete" da professora seria trabalhoso demais.

Como disse, os "bilhetes" sempre obtêm resposta revisiva do aluno, sobretudo se produzidos acerca de uma primeira versão de texto. Os que deixam de ganhar resposta são aqueles que se referem a um texto já reescrito, e estes, em geral, falam de aspectos reincidentes (ou criados em função da reescrita), aspectos esses que certamente não estão atrelados à simples superfície linguística textual.

Há, portanto, que se reconhecer, por ora, a existência de pelo menos duas categorias de correções textuais-interativas que remetem a problemas de produção: as que falam de problemas superficiais e as que falam de problemas profundos do texto – assunto que será mais bem tratado no próximo capítulo.

Até aqui estive descrevendo as estratégias interventivas sem me deter nos problemas linguísticos que elas tematizam. Do mesmo modo, ocupei-me em mostrar se o aluno responde ou não (e por que) a cada uma dessas diferentes estratégias, sem, contudo, analisar como ele o faz. Se ele altera ou não seu texto em decorrência de um ou outro estilo de correção, já sabemos; mas, quando altera, o que faz na materialidade linguística, ainda não. Vou, portanto, agora, procurar mostrar a relação que há entre esses três fatores: os problemas do texto, a forma da intervenção do professor e a resposta do aluno – ou, de outro modo: o elo que existe entre o "erro", a correção do "erro" e a revisão do "erro".

Vejamos, pois, o que se pode dizer com relação à funcionalidade dessas diversas formas interventivas, como recurso de mediação e de coautoria por parte do professor, no trabalho de produção de textos escritos na escola.

O DIÁLOGO CORREÇÃO/REVISÃO (O TURNO DO PESQUISADOR): UMA LEITURA DA LEITURA DA LEITURA

O fato de o aluno praticamente sempre reformular seu texto em decorrência de intervenções resolutivas e de nem sempre o fazer no caso de indicativas, classificatórias ou textuais-interativas me permite afirmar a existência de uma oposição importante entre esses dois grandes grupos de correção (de um lado a resolutiva e, de outro, as demais). Vejamos de que oposição se trata e qual a sua importância para os fins deste trabalho.

Correções monológicas e correções dialógicas

Como disse, quando a correção é de cunho resolutivo, o aluno obtém uma solução pronta para seus problemas, por isso tende a efetuar todas as alterações, já que para isso basta apenas incorporá-las ao seu texto original na forma de cópia. Entretanto, ao fazer isso, na verdade ele não refaz seu texto, não o reestrutura, não o reelabora, enfim, não executa a revisão. Por outro lado, quando a correção é indicativa, classificatória, ou textual-interativa, o aluno é solicitado a fazer uma pequena releitura analítica da sua redação e, de modo completamente diverso da cópia, nem sempre efetua as alterações solicitadas pelo professor, ao reescrevê-la, justamente porque está, de fato, realizando a tarefa da revisão.

É que, enquanto na correção resolutiva só o professor reflete sobre o texto, nas demais, ambos (professor e aluno) refletem, já que entra em cena um elemento absolutamente fundamental nesse contexto: a linguagem. Na resolutiva, há só uma linguagem em jogo: a linguagem do texto sob análise; na indicativa, na classificatória e na textual-interativa, duas são as linguagens em pauta: a linguagem do próprio texto (a redação escrita pelo aluno) e uma outra, a linguagem acerca do texto, isto é, a linguagem da intervenção (a correção da redação pelo professor).

Em lugar de postular uma reflexão acerca do que fora dito pelo aluno (no caso, o discurso produzido na forma de uma redação), a correção resolutiva propõe um outro discurso, que retoma o de origem. Assim, ao corrigir resolutivamente, o professor assume ou uma atitude de alterar a forma de dizer do aluno, ou uma atitude de alterar o próprio dizer do aluno. Por isso, na correção resolutiva, a *atitude responsiva* (Bakhtin, 1997) do professor diante do discurso do aluno – ou seja, o texto corretivo que este enuncia, por seu turno, em concordância ou objeção ao texto do aluno que o precedeu no tempo e no espaço da interação a distância – se dá apenas na forma de uma retomada textual (de um redizer – espécie de paráfrase – ou de um desdizer o texto de origem), para o que não é necessário comentário metalinguístico algum.

Já para atuar indicativa, classificatória ou textual-interativamente, não basta para o professor a linguagem leiga (não técnica) do dia a dia, suficiente no caso da paráfrase resolutiva. Por não se constituírem na forma de uma proposição alternativa ao discurso do aluno, mas requererem deste uma reflexão sobre tal discurso, as correções indicativa, classificatória e textual-interativa são construídas sob um patamar diferenciado: o do nível metalinguístico, que toma o texto redacional como referência, não como matriz a ser parafraseada. Eis a razão por que lançam mão de uma linguagem especial, que lhes possibilite falar sobre o texto produzido, se voltando para a própria linguagem.

O principal traço distintivo, portanto, que me cabe reconhecer entre, por um lado, a correção resolutiva e, por outro, a indicativa, a classificatória e a textual-interativa, é o uso ou não de metalinguagem na atitude interventiva do professor.

Embora a correção de tipo indicativo não imponha a necessidade de um código mais elaborado, como é o caso da classificatória, permanece o uso de metalinguagem, ainda que numa forma mais vaga. A diferença é que, no lugar de um signo verbal mais preciso (como por exemplo um *A*, significando *Acentuação gráfica*), tem-se um signo não verbal impreciso em jogo (uma sublinha, por exemplo, significando algo do tipo *Erro à vista*, ou *Mexa aqui*, ou, ainda, *Pense sobre este elemento*). Enquanto a classificatória opera com signos supostamente mais "objetivos", a indicativa trabalha com signos imprecisos, já que, pela própria natureza, é não linear, não articulada, porque pictórica, icônica, não verbal.

Além disso, para realizar uma correção de cunho classificatório, o professor opera com a conjugação de vários fatores absolutamente dispensáveis nas intervenções resolutiva e indicativa: primeiro, dispor de um código metalinguístico que possa falar da própria linguagem e que seja conhecido do aluno; segundo, manipular esse código adequadamente no momento da correção, de acordo com as convenções estabelecidas com o aluno, e de modo a remeter aos problemas do texto; e, finalmente, ser competente o suficiente para se comunicar por escrito com esse aluno, de forma compreensível, quando a metalinguagem não for instrumento capaz de dar conta da referenciação pretendida, na tentativa de garantir, assim, a clareza de seu discurso interventivo.

Isso me leva a uma constatação de extrema importância. A diferença fundamental que é possível estabelecer entre os dois grandes tipos de intervenção aqui descritos está no caráter altamente *dialógico* das correções indicativa, classificatória e textual-interativa, de um lado e, de outro, no caráter marcadamente *monológico* da correção resolutiva. Vejamos por quê.

Partindo da ideia de que o diálogo é a forma mais simples e mais clássica de comunicação verbal, Bakhtin define o *enunciado* (ou o *discurso*, ou o *texto*) como a unidade real da comunicação verbal, cujas fronteiras são determinadas pela alternância dos sujeitos falantes (ou seja, dos locutores) tanto na língua oral como na escrita. Isso permite que ele insista na tese de que *o enunciado é um elo na cadeia de comunicação verbal* (Bakhtin, 1997: 308), já que o que o delimita é a presença, antes de seu início e depois de seu fim, dos *enunciados-respostas* dos outros. Daí se segue que a noção de *acabamento* do texto adquire fundamental importância para o autor: o principal critério para sua definição é a possibilidade de gerar *réplica* que o todo do texto contém em si de modo intrínseco. Sendo, pois, *dialógico* por natureza, todo texto demanda uma reação por parte do interlocutor, uma *atitude responsiva*.

Contudo, essa possibilidade de responder (de compreender de modo responsivo), proporcionada pela *totalidade acabada do enunciado*, pode se configurar de maneira diversa nos textos. Embora todo texto seja, por princípio, dialógico, existem diferentes graus da presença do *outro* nos discursos possíveis. Havendo, pois, matizes dialógicos mais acentuados ou menos acentuados em cada texto, os discursos, de modo geral, podem, ainda, se constituir ou por processos *dialogais* (de várias vozes, o que é preponderante no oral) ou por processos *monologais* (uma só voz, o que é preponderante na escrita).

Transpondo essas noções para o contexto do presente trabalho, tem sentido dizer que, apesar de o texto interventivo do professor que corrige ser, por princípio, dialógico (trata-se de uma conversa com o aluno) e ser constituído por um processo monologal (é escrito), esse discurso corretivo pode se apresentar como *dialógico* ou *monológico,* dependendo da forma que toma.

Segundo me parece, quando a correção se dá na forma resolutiva, o texto do professor é *monológico*. Ao apresentar as alterações a serem aplicadas na reescrita, o discurso do professor anula totalmente a presença do *outro* (o aluno), que é, assim, destituído de voz. Tudo se passa como se o diálogo, constitutivo do próprio discurso do professor, estivesse oculto, escondido, mascarado sob a falsa aparência de uma única voz. Por outro lado, quando a correção se dá nas formas indicativa, classificatória, ou textual-interativa, ao contrário, o professor pressupõe explicitamente essa presença do *outro* em seu discurso, trazendo-o para dentro dele. Uma vez que se utiliza de uma metalinguagem, verbal ou icônica, que requer uma interpretação pelo *outro* e que aponta para a participação efetiva desse *outro* na construção das alterações a serem realizadas na reescrita, o professor dá inteiramente voz ao aluno. A voz do *aluno/outro* mostra-se, entrevê-se no próprio texto interventivo, revelando a perspectiva dialógica do discurso de correção. Nesse sentido, seu texto é, pois, *dialógico*.

Isso me permite afirmar a existência de uma diferença não apenas de natureza, como também de grau entre esses dois grandes grupos de correção – tendo em vista a própria metodologia de ensino de redação adotada pelos professores desta pesquisa, que considera a reescrita uma etapa constitutiva fundamental no processo de produção de textos.

Ora, se, por um lado, a atuação dialógica do professor é imprescindível para que o aluno perceba a natureza imanentemente inconclusa do objeto texto e, por outro, a tarefa de revisão é o que possibilita que este realize um trabalho de reflexão sobre o próprio dizer (analisando a forma como se apropria dos recursos linguísticos disponíveis na língua), a intervenção resolutiva é, sim, um recurso de vital importância, para levar o aluno a uma análise linguística profícua – sobretudo se realizada oralmente, em classe, num trabalho de reestruturação coletiva de textos, por exemplo; ou, então, em casos limite, nos quais o conhecimento do aluno não lhe permite realizar a tarefa de refacção sozinho, de maneira que somente a referência fornecida por um produtor mais experiente (o professor) pode auxiliar. Porém, se utilizada como único – e não último – recurso, priva o aluno justamente do essencial, que é a sua participação através do trabalho de releitura, fundamento de qualquer processo de produção escrita.

Descartados, pois, os casos em que resoluções são pertinentes e necessárias, os tipos interventivos que mais parecem comungar com os propósitos de uma correção que vise à revisão são os demais, uma vez que, pela própria natureza, podem conduzir o aluno nesse trabalho, sem, contudo, realizarem-no por ele, como o faz a resolutiva.

Quero, além disso, chamar a atenção para um outro aspecto extremamente significativo tanto das correções como das revisões, que se prende a esse traço distintivo que acabo de apontar. Enquanto a correção resolutiva parece ser mais simples, tanto para o professor como para o aluno, a indicativa, a classificatória e a textual-interativa parecem ser mais complexas para ambos. Dizendo de outro modo: assim como é menos trabalhoso para o professor dar as soluções prontas para o aluno, revisar por ele, pensar unicamente no texto a ser reelaborado, do que escrever sobre o texto, dialogando por escrito com esse aluno, tendo por objeto a *análise linguística* (Geraldi, 1984), para o aluno, é mais tranquilo executar a tarefa de reescrita a partir de uma correção de caráter resolutivo.

Ou seja, na mesma proporção em que indicar o problema para o aluno, ou classificá-lo com o máximo de precisão possível (codificadamente ou não), com vistas à revisão, é mais complexo para o professor do que solucioná-lo (numa resolutiva), é também mais complexo para o aluno reescrever o texto com base numa correção indicativa e/ou classificatória e/ou textual-interativa, do que meramente copiá-lo a partir de uma resolutiva, por ser aquela uma tarefa que exige muito mais de si.

Sabemos, nós, professores de Língua Portuguesa, o quão mais simples é corrigir uma redação resolutivamente, ainda que a tarefa seja morosa, braçal e fisicamente desgastante. A atitude de intervir num texto acrescentando, por exemplo, um -*s* (morfema de plural nos nomes) que tenha sido omitido é bem menos trabalhosa do que a de intervir sublinhando o termo onde falte o -*s* (para indicar o problema), e/ou intervir refletindo sobre a sua natureza linguística (para classificá-lo cuidadosamente na margem com um preciso *CN* de *Concordância Nominal*), e/ou intervir calculando a pertinência de um "bilhete" a mais que explicite a própria intervenção. Numa correção resolutiva nós não temos que nos preocupar em como nos fazer entender: a objetividade da correção parece se garantir pela própria solução que damos para o problema em questão, ou seja, pelo que escrevemos no corpo da redação.

Em contrapartida, sabemos, igualmente, a tranquilidade que é para o aluno reescrever um texto que já tenha sido objeto de uma correção resolutiva, copiando mecanicamente as soluções dadas pelo professor. E o quão dificultosa, por outro lado, acaba sendo para ele a tarefa de corrigir os próprios "erros" quando estes foram meramente indicados ou até mesmo meticulosamente codificados pelo professor e/ou comentados num "bilhete" "pós-texto". Reescrever uma redação na qual o acento gráfico já aparece no seu devido lugar é bem diferente de revisar uma em que aparece uma letra sublinhada, ou na qual se lê um *A* na margem: é preciso não apenas estar atento à significação do código e reler a própria redação para identificar o tipo do problema, como também encontrar uma solução alternativa para ele e apresentá-la por escrito numa segunda versão.

Havendo metalinguagem, há o que ser "codificado" (no sentido de se criar uma forma à qual possa ser atribuído um sentido) e, consequentemente, o que ser "decodificado" (no sentido de se produzir uma significação para uma determinada forma). Tudo é, pois, em princípio, mais trabalhoso para ambas as partes: professor e aluno. Em não havendo, tudo fica mais simples, razão pela qual, na maioria das vezes, o professor opta logo por apresentar a solução ao aluno, e este, por sua vez, consegue efetuar as devidas alterações na segunda versão de seu texto.

Ao que parece, pois, a dificuldade ou facilidade que os professores encontram para garantir coerência na forma codificada de correção (característica tanto da indicativa como da classificatória) caminha na mesma proporção da facilidade ou dificuldade que o aluno tem para decifrá-la.

Contudo, não me parece viável supor que apenas o fato de a correção ser *monológica* ou *dialógica* possa explicar a simplicidade ou a complexidade na execução das tarefas de correção e de revisão. Deve haver um outro fator, nesse processo, influenciando o menor ou maior trabalho de qualquer uma das partes envolvidas.

Segundo entendo, além das razões subjetivas que tem o professor para corrigir um texto dessa ou daquela maneira, razões de caráter objetivo devem pesar na opção que ele faz por uma dada metodologia de correção. E o que pode caracterizar essa objetividade da correção senão seu próprio objeto de discurso, ou seja, o texto do aluno?

Não há dúvida de que há um fator histórico e pessoal interferindo na escolha do tipo de correção realizado pelo professor. Esse fator cobre desde um limite maior ou menor de conhecimento teórico deste, que subsidie seu *modus operandi*, isto é, sua própria "técnica" de correção, até necessidades práticas, ou conveniências momentâneas do trabalho docente, como o número de textos a corrigir, o tempo disponível para a tarefa, o nível de conhecimento dos alunos etc.

Há professores que preferem (ou só sabem?) corrigir de uma determinada maneira; por exemplo, resolutivamente, apresentando grande parte das soluções e resolvendo praticamente todos os problemas do texto para o aluno. Há aqueles que, em alguns casos, atuam mais indicativamente, quase que apenas apontando o que lhes parece problemático, para que o aluno resolva depois, na reescrita. Há, ainda, os que trabalham classificatoriamente, por vezes somente através de códigos, deixando para o aluno a tarefa de também identificar o problema antes de solucioná-lo. Existem, contudo, professores que, ao contrário, exploram ao máximo o que cada um dos tipos de correção tem a oferecer, mesclando as diversas formas de intervenção possíveis, ou seja, resolvendo e/ou indicando e/ou classificando os problemas para o aluno, conforme lhe pareça mais conveniente.

Mas, afora essa preferência individual de cada professor, o que será que faz com que alguns textos e/ou trechos sofram resoluções e outros apenas classificações, ou indicações, ou "bilhetes"? E mais: o que permite que um professor faça, num mesmo texto, tanto indicações, quanto classificações, "bilhetes" e resoluções? Será que, além do fator idiossincrático (de as correções variarem conforme variam as individualidades dos professores), há algum fator de ordem linguística (nas redações a serem corrigidas) que explique a escolha do tipo de correção a ser feito?

Meu próximo passo na análise, portanto, será verificar se há diferenças linguísticas relevantes nas produções dos alunos que possam explicar as escolhas que o professor faz para nelas interferir. Estarei, assim, examinando os textos corrigidos a fim de encontrar neles respostas para as seguintes questões: Quais fatores linguísticos estão interferindo na forma de intervenção usada pelo professor? Existe alguma relação a se estabelecer entre os problemas focalizados pela correção e cada uma das estratégias de intervenção descritas? Que elo há entre o problema de redação do aluno e a correção do professor?

Correções no corpo, correções na margem e correções no "pós-texto"

Conforme mencionei no capítulo "A revisão (o turno do aluno): uma leitura da leitura", há três espaços possíveis de alocação do texto interventivo de correção na folha de papel já preenchida pela escrita do aluno: o corpo, a margem ou o "pós-texto". Já comentei um pouco a exploração desses espaços pelo professor, ao apresentar as diversas estratégias interventivas utilizadas na correção.

Entretanto, naquele momento, não me ocupei da natureza dos problemas de produção que levam aos diferentes tipos de intervenção e à forma tripartida de ocupação da folha de papel pelo professor. Vou, pois, agora, examinar cada um desses casos, a fim de encontrar razões que levam o professor a fazer uso do corpo e/ou da margem e/ou do "pós-texto".

RESOLUTIVAS

Desnecessário me parece mostrar aqui que a grande unanimidade das resolutivas acontece no corpo da redação. Dificilmente o professor vai revisar o texto pelo aluno em outro lugar que não este. Por razões óbvias de economia, ele só vai alterar o que achar necessário; e a forma de aproveitar as partes que não precisam de reformulação é tomar para si a própria redação, a fim de evitar o trabalho de reescrevê-la por inteiro. Uma escrita passada a limpo (na verdade cópia do original) pelo aluno cumprirá o papel da reescrita, como se pode notar pelo Exemplo 26.

Exemplo 26A (Z./pub./Gerson/6º – T57)

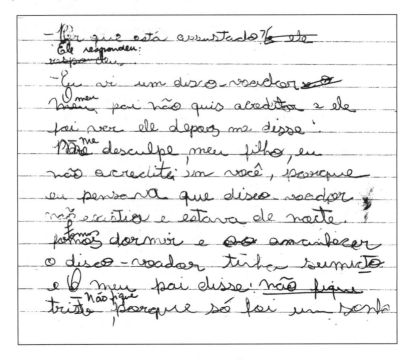

OBS. (1ª versão): Neste trecho, as intervenções de Z. são, na maioria quase que absoluta, de caráter resolutivo: a supressão de *e ele respondeu* (e substituição por *Ele respondeu:*), a supressão de *o meu* (e substituição por *O meu*), a supressão de *Me* (e substituição por *– Me*), a supressão de *fomos* (e substituição por *Fomos*), a supressão de *o* (e substituição por *O*), e a supressão de *Não fique* (e substituição por *– Não fique*).

Exemplo 26B (2ª versão)

> — Porque esta assustado?
> Ele respondeu:
> — Eu vi um disco-voador.
> O meu pai não quis acreditar e ele foi ver, e lhe disse:
> — Me desculpe, meu filho, eu não quis acreditar em você, porque eu pensava que disco-voador não existia e estava de noite. Vamos dormir e ao amanhecer o disco-voador tinha sumido. O não fique triste porque ele tinha que ir para o seu planeta.

OBS. (2ª versão): Com exceção do parágrafo final, Gerson incorpora todas as resoluções propostas por Z.

Por essa razão, o professor resolve no próprio corpo do texto praticamente todos os problemas superficiais e localizados de produção: ele acrescenta, retira ou altera acentos gráficos, vírgulas e pontos, reescreve palavras com ortografia incorreta, modifica morfemas de gênero e número em formas nominais, ou morfemas de modo, tempo e aspecto em formas verbais, visando concordância, e assim por diante. Atua, então, resolutivamente, nos níveis fonológico, morfológico, morfossintático e sintático-semântico do texto. Mas não atua no nível textual global, já que não se encontraram no *corpus* resoluções cujo escopo exceda os limites sentenciais. Assim, corrigir os problemas do texto resolvendo-os é, para o professor, apresentar soluções para pequenos detalhes relacionados ou às convenções da escrita ou ao domínio da variedade padrão da língua.

Essa é a razão pela qual, para o aluno, revisar respondendo a uma correção resolutiva é, no mais das vezes, uma simples tarefa de copiar a redação incluindo as alterações ortográficas e normativas já efetuadas pelo professor.

INDICATIVAS

Já no caso das indicativas, tanto o corpo como a margem são utilizados. Será, contudo, que essa utilização é livre ou condicionada? É possível postular para esse tipo específico de intervenção, um caráter próximo daquilo que, em Linguística descritiva de caráter estruturalista, tem sido chamado de *variação livre*? Ou, ao contrário, estaria essa exploração espacial mais próxima do que se convencionou chamar de *distribuição complementar*?[1]

Passo, então, a verificar se existe alguma diferença entre as indicações que se fazem no corpo e as que se fazem na margem das produções. E, igualmente, se isso pode explicar o comportamento do aluno-revisor em seu texto.

Vejamos, primeiro, as que se fazem no corpo.

Indicativas no corpo

Muito embora, neste momento, meus comentários se atenham apenas à correção do professor, estarei, na sequência, apresentando os episódios interventivos já com a respectiva resposta (reescrita) do aluno. De modo que a segunda versão da redação também será apresentada, já que será escopo da análise mais adiante.

Pode-se dizer que há basicamente dois subtipos de indicativas no corpo: as que chamarei de *puras* e as que chamarei de *mistas*.

As indicativas *puras* são aquelas que não se fazem acompanhar de outro tipo de correção e que, como mencionei, são de ocorrência muito rara no conjunto de textos coletados (ver Exemplo 20). Já as indicativas *mistas*, mais comuns no *corpus*, são as que se aliam a outras formas interventivas para fazer referência a um determinado problema, como se pode ver pelo Exemplo 27.

Exemplo 27A (I./pub./J. Vicente/8º – T1)/(1ª versão)

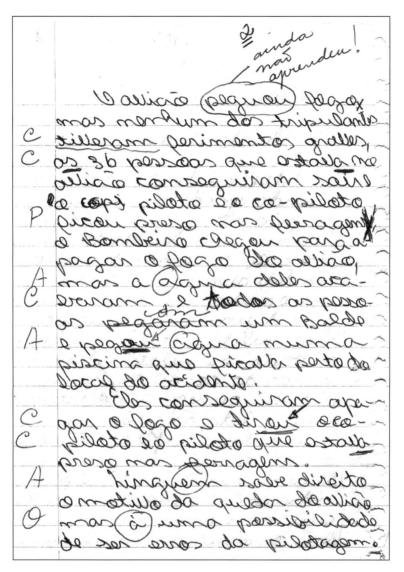

OBS. (1ª versão): Além de fazer indicações no corpo, com círculos e sublinhas, I. classifica os problemas na margem (a inserção de *com* – na sequência *e todas as pessoas pegaram um balde* – é a única resolutiva neste episódio de correção).

Exemplo 27B (2ª versão)

> O avião pegou fogo, mas nenhum dos tripulantes teve ferimento grave a 36 pessoas que estavam no avião conseguiram sair e o co-piloto ficou preso nas ferragens.
>
> Os Bombeiros chegaram para apagar o fogo do avião mas a água deles acabou, e todas as pessoas com um balde pegaram água na piscina que ficava perto do local do acidente.
>
> Eles conseguiram apagar o fogo, e tiraram o co-piloto a que estava preso nas ferragens.
>
> Ninguém sabe direito o motivo da queda do avião mas a uma possibilidade do ser erros da pilotagem.

OBS. (2ª versão): J. Vicente faz as alterações seguindo as pistas dadas por I., e troca por conta própria *o Bombeiro chegou* por *Os Bombeiros chegaram*.

Pelo exame desses casos, percebe-se como é viável para o professor indicar no corpo, isto é, na materialidade linguística do texto – seja sem o suporte classificatório (indicativa *pura*), seja com ele (indicativa *mista*) – aqueles problemas mais superficiais de produção. Observa-se, assim, que, no corpo, as intervenções indicativas focalizam aspectos mais pontuais de produção textual. O professor sublinha, circunda ou delimita por colchetes unidades linguísticas de curta extensão: fonemas (o *a* inicial de *agua*), morfemas (o *va* de *estava*), itens lexicais (toda a palavra *peguou*) ou sintagmas (*dentro suas casas*).[2]

Parece, pois, que os problemas que permitem uma referenciação via indicação no corpo, ou seja, que se deixam identificar por meio de marcas nas unidades de superfície, são, preferencialmente, aqueles que ocorrem nos limites da frase.

Por essa razão, é grande a possibilidade de o aluno alterar seu texto, porque há uma espécie de mapeamento da revisão: o local apontado muitas vezes coincide com o próprio elemento a ser alterado. Em geral, os problemas indicados no corpo se resolvem por alterações mínimas de supressão, substituição ou adição (como, por exemplo, *pontuação, maiúscula, acentuação, concordância* etc.).

Embora haja problemas de nível interfrástico (na relação entre sentenças) que possibilitem uma indicação no corpo, o que se percebe é que aquilo que é apontado explicitamente no material linguístico, pelo professor, obviamente nem sempre é o que necessariamente demanda alteração local pelo aluno. Veja-se, a título de ilustração, o Exemplo 28.

Exemplo 28A (E./par./Fernando F./1ª e.m. – T125)/(1ª versão)

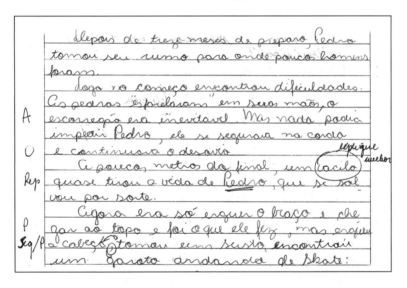

OBS. (1ª versão): Indico com as sublinhas no corpo o item *Pedro* (da sequência *vida de Pedro*), ao qual se refere a classificação *Rep*, na margem.

Exemplo 28B (2ª versão)

e psicologicamente.
Depois de trez meses de preparo, Pedro
tomou seu rumo para onde poucos homens
foram.
Logo no começo encontrou dificuldades.
As pedras "esfarelaram" em suas mãos, o
escorregão era inevitável. Mas nada podia
impedir Pedro, ele se segurava na corda
e continuava o desafio.
A poucos metros do final, um erro que
tirou sua vida, ele se salvou por sorte.
Agora era só ergue o braço e chegar
ao topo e foi o que ele fez, mas quando ergueu
a cabeça tomou um susto, encontrou um
garoto andando de skate:
- Ei como você chegou aqui? - disse Pedro "espantado")
- Com a minha mãe

OBS. (2ª versão): Fernando substitui *vida de Pedro* por *sua vida*.

Como este exemplo específico diz respeito à *coesão referencial*, vale a pena citar Koch, para esclarecer conceitos:

> O termo referência tem sido usado, em Linguística, com duas acepções distintas: a) na tradição semântica, designando a relação que se estabelece entre uma forma linguística e o seu referente extralinguístico; b) na trilha de Halliday, significando a relação de sentido (basicamente de correferência) que se estabelece entre duas formas na superfície textual.[3]

No caso do Exemplo 28, já mencionado, o item apontado na correção (*Pedro*) é o que realmente deve ser alterado por Fernando, a fim de evitar a repetição pura e simples da mesma forma remissiva (no caso, um nome próprio) em frases vizinhas muito próximas umas das outras, e melhorar a *coesão referencial* do texto. (Sobre esta categoria de coesão, falarei mais detidamente logo adiante.)

O caso do Exemplo 29, contudo, é um pouco diferente do que acabo de citar.

Exemplo 29A (E./par./Gustavo F./2ª e.m. – T128)/(1ª versão)

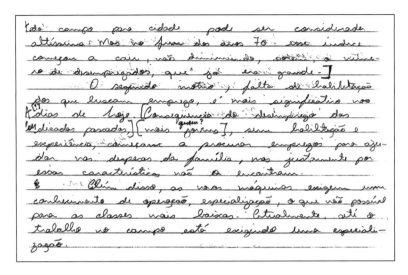

OBS. (1ª versão): Indico com os colchetes, no corpo, os trechos *Consequência do desemprego das décadas passadas* e *mais jovens,* a que se referem os símbolos classificatórios *?* e *Coes*, na margem.

Exemplo 29B (2ª versão)

OBS. (2ª versão): Para dar uma solução aos problemas apontados, Gustavo reformula (substituindo) todo o trecho focalizado pela correção, e não apenas um item localizado.

Neste exemplo, especificamente, os colchetes feitos no corpo são apenas uma referência ao escopo da classificação na margem – a falta de coesão sequencial (indicada pelos primeiros colchetes) e de coesão referencial (pelos últimos).[4] Não se trata, pois, como no caso anterior, de uma indicação exata de onde o aluno deva efetuar as modificações esperadas.

É evidente que correções indicativas como estas, que chamem a atenção para problemas que ocorrem além dos limites da frase (no caso, a coesão), só podem apontar itens que consistam numa mera pista em relação ao problema que está sendo visado, e não necessariamente constitui referência precisa às formas específicas que devam sofrer alteração no corpo do texto; daí a vagueza da intervenção.

Uma vez identificada a natureza linguística dos problemas que são indicados no corpo da redação, vejamos, agora, que tipos de problemas são focalizados por indicações na margem.

Indicativas na margem

Correções indicativas realizadas na margem, de tipo *puro* (ou seja, que não se apresentam reforçadas por classificações), são praticamente inexistentes no conjunto de redações analisadas. O que se encontra, geralmente, são casos como o do Exemplo 30.

Exemplo 30A (Z./pub./Joelma/6º – T56)/(1ª versão)

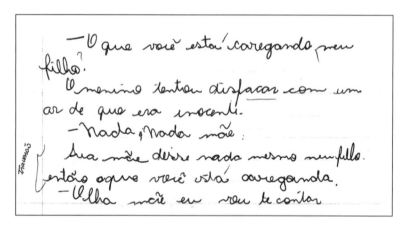

OBS. (1ª versão): Para indicar o problema causado pela ausência da pontuação própria do discurso direto (em *Sua mãe disse nada mesmo meu filho. então oque você está careganda.*), além de traçar um colchete na margem, Z. escreve *Travessão*. Mas não corrige da mesma forma o idêntico problema que se repete no parágrafo seguinte do texto (em *Olha mãe eu vou te contar*): este é corrigido de modo resolutivo, com a inserção do travessão.

Exemplo 30B (2ª versão)

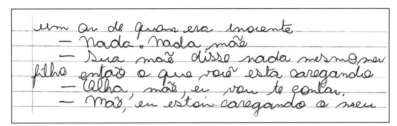

OBS. (2ª versão): Joelma incorpora sem dificuldade o travessão em – *Olha, mãe, eu vou te contar* (objeto da resolutiva de Z. no corpo da 1ª versão), mas demonstra dificuldade no mesmo tipo de tarefa, ao inserir erroneamente o travessão no início de – *Sua mãe disse nada mesmo meu filho então o que você está carregando* (objeto da indicativa na margem da 1ª versão).

Não sabemos o que levou Z. a ter um comportamento interventivo diferente do outro nesses dois casos de pontuação do discurso direto. Mas é possível fazer uma inferência. Embora o problema em *nada mesmo* seja da mesma natureza que em *Olha mãe*, há, em *nada mesmo*, menos espaço físico no corpo da redação para uma resolutiva (a inserção do travessão) do que em *Olha mãe*. Mas seria este o motivo da opção pela indicativa? Não temos como saber, ao certo.

De qualquer forma, esta não parece ser a razão que levou Z. a corrigir a redação a seguir da maneira ilustrada pelo Exemplo 31.

Exemplo 31A (Z./pub./Gerson/6º – T57)/(1ª versão)

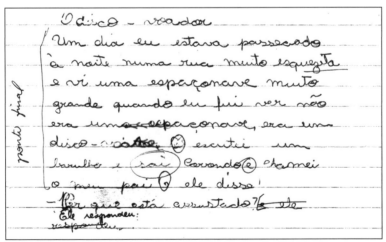

OBS. (1ª versão): Além dos círculos nos conectivos *e* (na sequência *escutei um barulho e saí correndo e chamei o meu pai e ele disse*), Z. apenas indica o problema de pontuação do trecho com um traço vertical na margem e a expressão *ponto final*.

Exemplo 31B (2ª versão)

> O disco-voador
> Um dia eu estava passeando
> à noite numa rua muito
> esquesita e vi uma espaçonave
> muito grande quando eu fui
> ver não era uma espaçonave,
> era um disco-voador escutei
> um barulho e sai correndo chamei
> o meu pai ele disse:
> — Por que esta assustado?

OBS. (2ª versão): Gerson elimina alguns dos conectivos indicados por Z., mas não encontra meios para solucionar o problema da pontuação do trecho que apenas havia sido indicado na margem da 1ª versão.

Como se vê, o problema apontado pela sinalização vertical é recorrente em todo um trecho da redação de Gerson. Isso pode ter influenciado uma certa *economia* na correção de Z.: um traço na margem e uma expressão breve dariam conta de apontar o que a professora percebe que se repete numa pequena extensão de texto.

O mais comum, entretanto, de se encontrar como típico de indicações na margem são casos que divergem desses de Z. Observe-se o Exemplo 32.

Exemplo 32A (I./pub./Nelzita S./8º – T4)/(1ª versão)

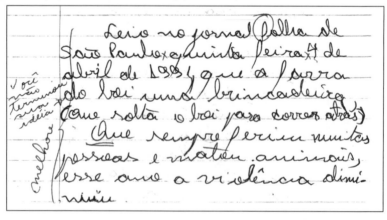

OBS. (1ª versão): Para fazer referência ao problema de estruturação textual, I. delimita a extensão do trecho focalizado por uma chave vertical, na margem, e escreve um "bilhete": *Você não terminou sua ideia. Melhore.* (A única forma sublinhada no corpo é o *Que* inicial da sequência *Que sempre feriu muitas pessoas...*)

Exemplo 32B (2ª versão)

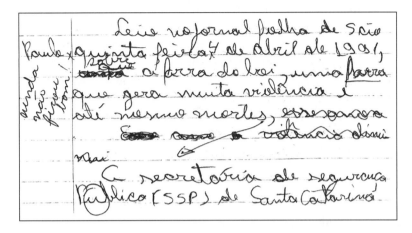

OBS. (2ª versão): Nelzita tenta fazer as alterações não localizadas pela correção, mas não obtém grande sucesso, como atesta a própria resolutiva de I., no corpo dessa 2ª versão (a inserção de *sobre*), e o novo "bilhete", na margem (*ainda não ficou bom!*).

Este exemplo, em contraponto aos anteriormente citados, confirma o que venho postulando: que é mais complexo para o professor indicar no corpo, na superfície textual, na materialidade linguística mais imediata, aqueles problemas mais profundos do texto, que demandam uma leitura cuidada de toda uma sequência. Por isso é que faz suas indicações na margem, onde tem mais liberdade para operar. Além disso, parece-lhe não bastar apenas a indicação: um "bilhete", um comentário adicional impõe-se-lhe como necessário. É que, na margem, os aspectos focalizados pela correção indicativa são de natureza *global*, não pontual ou *local*, como é o caso do que ocorre no corpo.

É Van Dijk quem distingue entre *coerência local* (referente a partes do texto ou a frases ou a sequências de frases dentro do texto) e *coerência global* (que diz respeito ao texto em sua totalidade), conceitos assim definidos:

> Até agora, discutimos as propriedades semânticas do discurso somente pelas relações entre sentenças ou entre proposições, isto é, em pares, conexões lineares entre elementos numa sequência. Temos resumido estas propriedades sob o termo "coerência local". Há, contudo, um terceiro aspecto importante da semântica do discurso que requer nossa atenção. A significância do discurso reside não somente neste nível local (ou microestrutural) de orações adjacentes e conexões de sentenças, mas também, num nível global. Devemos

também explicitar as propriedades do significado de fragmentos maiores de um discurso, como os parágrafos, enquanto conjuntos. [...] Da mesma maneira, fazemos afirmações sobre o significado dos Segmentos maiores do discurso ou de todo o discurso que não podem ser simplesmente definidos em termos das condições de coerência local [...]. Falamos sobre o tópico, o tema, o assunto, o ponto de vista, ou o resumo de um discurso, noções estas que não se aplicam a sentenças ou proposições individuais. Contudo, supomos que, além da estrutura semântica local, um discurso também tem uma estrutura semântica global ou macroestrutura.[5]

Sendo assim, enquanto nas indicativas no corpo o professor focaliza problemas tipicamente microestruturais (ou locais), nas indicativas na margem, a tendência é focalizar problemas tipicamente macroestruturais (ou globais). Na margem, o professor procura traçar sinais que apontem unidades maiores que a frase (sequências de frases ou parágrafos inteiros), como em *que a farra do boi, uma farra que gera violência e até mesmo mortes, esse ano a violência diminuiu* (do último exemplo). Observe-se como é significativo o tipo de sinal empregado nesses casos: colchetes (Exemplo 30), linhas paralelas (Exemplo 31), chaves (Exemplo 32) etc.; traçados na margem parecem ser mais apropriados que sublinhas ou círculos *in loco*, por exemplo, para dar conta de indicar extensões de texto maiores que a frase. É como se o professor dissesse o seguinte ao aluno com a indicação: *Mais ou menos nesse trecho é que está o problema. Encontre-o.*

Entretanto, quando as intervenções indicativas são na margem, a possibilidade de o aluno alterar com perfeito sucesso é menor do que quando as indicações são no corpo, porque, como já disse, não há um roteiro para o trabalho de reescrita. De forma absolutamente diversa dos casos em que se vê amparado pelas intervenções indicativas *in loco* (no corpo) – e, por isso, executa a tarefa de reescrita com maior desenvoltura (rever Exemplo 27) –, quando a indicação de problemas que extrapolam os limites frásticos se dá na margem, ele se vê desprovido de pistas concretas (ou de uma rota mais precisa de ação) para efetuar a revisão com tranquilidade. Diante do *Mais ou menos por aqui* da indicação na margem, o aluno muitas vezes se perde. Observe-se a dificuldade que Nelzita tem de reescrever seu texto, no Exemplo 32.

O que me cabe, então, dizer do estilo indicativo de correção, diante do observado?

Que, se as indicações no corpo se prestam mais adequadamente para fazer referência a problemas tipicamente microestruturais (por isso localizáveis materialmente), ao passo que as indicações na margem são mais adequadas para uma remissão a problemas tipicamente macroestruturais (logo, não pontuais em termos de superfície), realmente existe uma *distribuição complementar* a reger essas diferentes estratégias interventivas. Assim, usa-se o corpo quando o tipo de problema permite (os locais), e a margem quando o tipo de problema não permite (os globais).

Mas, e com a correção classificatória, será que acontece o mesmo? Estarão os símbolos do código metalinguístico em *distribuição complementar*, tal qual as indicações no corpo e as indicações na margem?

Vista a relação entre as formas resolutiva e indicativa de intervenção, e a natureza linguística dos problemas nas redações em cada um desses casos, passo, agora, a analisar a natureza dos problemas que sofrem classificações pelos professores. E, em seguida, que influência tem isso na revisão.

CLASSIFICATÓRIAS: UM CÓDIGO INCONSISTENTE

Retornemos à listagem de sinais do código de correção classificatória. E, agora, como que munidos de uma lente de aumento, procuremos visualizar de que forma os símbolos, ali dispostos em uma ingênua e despreocupada ordem alfabética, podem ser, digamos, mais inteligentemente agrupados em classes que os distingam por pequenos conjuntos significativos. Embora o leque de sinais empregados nesse tipo de correção seja amplo (reflexo, por certo, da própria complexidade do fenômeno língua), o que se observa é que há pelo menos cinco grandes focos de interesse nessa correção codificada: vou chamá-los de *convenções da escrita*, *norma culta*, *estruturação frástica*, *léxico* e *organização textual*. Se rearranjarmos a sequência listada numa nova configuração, teremos algo mais ou menos parecido com o seguinte:

FOCO DE INTERESSE	SÍMBOLO	SIGNIFICADO
Convenções da escrita	x	Vírgula
	Pfç	Paragrafação
	d/*	Parágrafo
	X	Ponto Final
	P	Pontuação
	PDD	Pontuação do Discurso Direto
	PDI	Pontuação do Discurso Indireto
	M	Maiúscula
	m	Minúscula
	LO	Linguagem Oral
	O	Ortografia
	DS	Divisão Silábica
	Cr	Crase
	DL	Desenho da Letra
	G	Grafia
	TL	Traçado da Letra
	A	Acentuação
Norma culta	Rg/Reg	Regência
	CP	Colocação Pronominal
	CN	Concordância Nominal
	C/Conc	Concordância
	CV	Concordância Verbal
	DG	Desvio Gramatical
Estruturação frástica	Prep	Preposição
	Pron/Pr	Pronome
	Pron Rel	Pronome Relativo
	EF	Estrutura da Frase
	Fr	Frase malconstruída
	FV	Forma Verbal
Léxico	IL	Impropriedade Lexical
	IV	Impropriedade Vocabular
	Voc	Vocabulário
Organização textual	EI	Erro de Informação
	Amb	Ambiguidade
	D	Dubiedade
	Coes	Coesão
	Coer	Coerência
	?	Confuso
	DD	Discurso Direto
	DI	Discurso Indireto
	FN	Foco Narrativo
	Rd/Red	Redundância
	R/Rep/Rp	Repetição
	S/Seq	Sequenciação
	TV	Tempo Verbal

Obviamente, há símbolos que se encaixam em mais de uma das categorias que aqui estou tentando perfilar, até porque os aspectos a que fazem remissão têm relação com diferentes níveis de análise linguística. A *Repetição*, por exemplo, é um aspecto que tanto pode se manifestar no nível da frase (repetição de palavras ou expressões até o limite de uma sentença) – e aí, dependendo do cotexto e do contexto, pode ser considerada um (negativo) "vício de linguagem" ou uma (positiva) questão de estilo – como pode se manifestar no nível do texto (repetição de palavras ou expressões fora dos limites de uma sentença). A *Ambiguidade* é outro aspecto que no nível da estrutura sintática (ambiguidade devida à colocação, à ordem dos constituintes oracionais) adquire caráter diferente do que no do texto (ambiguidade de formas pronominais, por exemplo). E assim por diante.

Façamos, agora, um pequeno cálculo (ainda que não tenha sido esse meu objetivo primeiro). Dos 34 sinais que totalizam o conjunto de expressões verbais metalinguísticas encontradas no *corpus,*

- quatorze referem-se às convenções para o uso da escrita (*Pfç*/d/*, *x*, *X, P, PDD, PDI, M, m, LO, O, DS, Cr, DL/G/TL, A*);
- sete são relativos aos padrões típicos da norma culta (*Rg/Reg, CP, CN, C/Conc, CV/Dg, Prep, Pron/P/Pron Rel*);
- cinco dizem respeito às regras de estruturação frástica (*Prep, Pron/ Pr, Pron rel, EF/Fr, Fv*);
- um remete ao léxico (*i l/IV/voc*); e
- onze falam de aspectos de organização textual (*EI, Amb, Coes, Coer/?, DD, DI, FN, Rd/Red, R/Rep/Rp, S/Seq, TV*).

Considerando-se, então, que cinco destes últimos (*Amb, Coes, DD, DI* e *FN*) só são empregados por um único professor (eu), e que o símbolo *EI (Erro de Informação)* é utilizado apenas por um outro professor (C.) – o que configura uma idiossincrasia no *corpus*, pode-se dizer que, efetivamente, apenas cinco símbolos referentes ao texto como unidade são de uso comum ao grupo de professores da pesquisa. O que isso significa?

Significa que as questões de convenção associadas às de modalidade escrita são o foco de interesse principal desse grupo de corretores (praticamente 50% dos sinais). Na outra metade, e distribuídos quase que igualitariamente, estão os outros quatro blocos (os relacionados à norma culta, à estruturação frástica, ao léxico e à organização textual). Isso revela que ao lado de uma preocupação com o padrão culto e com a frase convive um interesse voltado para o *texto*. O que mostra que, se por um lado a unidade *texto* não é a questão que mais preocupa esse grupo de sujeitos, por outro não se pode afirmar que se trata de um aspecto por ele negligenciado.

A julgar pela enorme quantidade de símbolos que remetem às convenções relacionadas à modalidade escrita, em contraste com o reduzido número dos que dizem respeito aos aspectos textuais, fica claro como a tipologia que está na base do código de correção classificatória se apresenta de modo acentuadamente refinado no que tange às questões que se esgotam no domínio da frase, e de modo marcadamente grosseiro quando se trata de problemas que extrapolam esse limite e passam a dizer respeito ao *texto*. Isso aponta para uma assimetria no rol de sinais empregados pelos professores em sua tarefa de correção; uma assimetria que não tem raízes senão numa variável vital para o trabalho com textos na sala de aula: a concepção de linguagem que norteia toda a atividade mediadora do professor.

Que concepção de linguagem subjaz a um trabalho de correção de redações cujos instrumentos (uma enorme gama de símbolos) estão norteados, na sua maioria, para questões de regra, de norma e de convenção? Que concepção de linguagem está por trás de uma correção calcada numa classificação de problemas que se preocupa mais com a letra, a sílaba, a palavra, a frase, a oração e o período (para usar a conhecida nomenclatura gramatical escolar), do que com o próprio texto? Que concepção de linguagem sustenta uma correção que privilegia a parte em detrimento do todo, o produto em vez do processo, o instrumento no lugar do uso ou, ainda, a forma mais que o sentido?

Essas perguntas poderiam se estender na forma de muitas outras paráfrases; todas elas convergiriam para uma velha dicotomia já bastante conhecida dos linguistas: a que opõe uma *linguística das formas* a uma *linguística da enunciação*; ou, em outros termos, uma postura *formal* a uma *funcional*, isto é, uma visão de linguagem como sistema a uma visão de linguagem como atividade, como forma de ação.

A primeira, decorrente da influência do movimento estruturalista nos estudos linguísticos, cujos representantes mais expressivos são Saussure e Chomsky, entende a linguagem como um objeto estruturado, cabendo à Ciência Linguística a descoberta de regras internas a essa estrutura.

A segunda, que se desenvolveu a partir de Benveniste (1956), de Jakobson (1957), e de filósofos analistas da Escola de Oxford, como Austin (1972), inclui nesse objeto estruturado o que o primeiro chamou de *aparelho formal da enunciação*, de modo que passariam a fazer parte dos estudos da linguagem os mecanismos pelos quais o falante, *apropriando-se* da língua, transforma-a em *discurso*, numa instância específica de enunciação.

Na tentativa de esboçar uma resposta às questões formuladas anteriormente, é possível dizer que, considerando-se sobretudo o valor semântico da maioria dos símbolos criados pelo nosso grupo de professores (no conjunto de suas individualidades) para compor uma metalinguagem de correção, o trabalho de intervenção que aqui descrevi e identifiquei como classificatório parece se moldar mais dentro dos parâmetros definidos pela postura teórica que entende a língua como *código* (mera estrutura na qual tudo significa em função de uma combinatória de elementos linguísticos).

Entretanto, se não fosse possível encontrar no *corpus* nenhum símbolo de correção relativo a aspectos *textuais* e, portanto, a elementos que remetem necessariamente ao contexto de situação em que a produção do aluno se deu, ou seja, ao *discurso*, aí, sim, seria possível afirmar com convicção que o trabalho de correção desses professores estaria inscrito nos moldes de uma concepção imanente ou *formalista* de linguagem – retomarei este conceito no capítulo "Como (não) corrigir redações na escola". Muito embora saibamos que grande parte desse trabalho tem como fonte de inspiração as tradicionais categorias da NGB,[6] onde a descrição do funcionamento da língua cede lugar à imposição de normas que supervalorizam a variedade padrão, e para as quais se utilizam unidades de análise até os limites sentenciais, há que se reconhecer que um passo adiante foi dado por esse grupo de sujeitos. Na tentativa de uma nova tipologia que requer o domínio de uma terminologia para a qual a NGB não fornece respaldo, fica evidente que o grupo de professores investigado vive um desafio: o de buscar em outro lugar os parâmetros para seu trabalho.

Se fizermos uma pequena análise da nomenclatura de que se servem para falar dos problemas que extrapolam os limites da frase, veremos que, afora a pequena herança das categorias de análise da Teoria Literária (*Foco Narrativo*), é à Linguística que os termos mais "de vanguarda" do código são tomados de empréstimo (*Coesão*, *Coerência* e *Sequenciação*). Esse fato não é de estranhar, haja vista que boa parte dos professores, na época da coleta dos dados, já havia passado pela experiência de frequentar um curso de especialização ou pósgraduação nessa área (a saber: eu, M., I., N., C. e Ml.).

Isso revela a influência que a pesquisa científica linguística está tendo, microscopicamente, no trabalho desse grupo de sujeitos e, portanto (pode-se dizer), macroscopicamente, no ensino da língua como um todo. Ou seja, que existe um sintoma de articulação entre a academia e os ensinos fundamental I, fundamental II e médio: aquele que se pode entrever, por exemplo, no trabalho de correção de textos de um grupo restrito de professores de Língua Portuguesa da região de Campinas, SP. O que significa que a escola de hoje não está parada; caminha, ainda que a passos de tartaruga.

Mais do que isso: os dados empíricos apontam inequivocamente para o fato de que na escola do fim do século XX há uma espécie de fusão/confusão entre duas grandes vertentes teóricas acerca do fenômeno linguagem. Convivem, no trabalho de correção dos sujeitos desta pesquisa, duas concepções de linguagem diversas: uma que provém da ortodoxia escolar – expressão usada por Jesus (1995) –, fundada nos postulados da Gramática Tradicional, e que tem na *Estrutura da Frase* (*EF*) o seu representante dileto; outra que tem suas fontes na Linguística teórica moderna, e que encontra na *Coesão* (*Coes*) e na *Coerência* (*Coer*) as suas "vedetes". Cada uma delas, a seu turno, gera um determinado tipo de marcação, de anotação, de correção pelo professor, uma forma diferente de ver e de indicar os problemas de redação para o aluno e, consequentemente, uma resposta diferente por parte deste ao reescrever o próprio texto.

Porém, não há dúvida de que a NGB ainda prevalece ante a alternativa oferecida pela Linguística. Para o professor mais apegado aos moldes da Gramática Tradicional, não há por que fazer uso de sinais outros que não aqueles mesmos (tão conhecidos...) que falam de concordância, de regência, ou de ortografia; afinal, são esses os conceitos que se cobram nas provas (e nos concursos públicos, e no vestibulinho, e no vestibular), além do que, o aluno que já está acostumado com eles vai poder corrigir muito bem sua redação, como diriam alguns.

Mas para aquele professor insatisfeito, que vai se dando conta de que os instrumentos do passado já não são mais suficientes, parece valer a pena arriscar, falando de coisas novas, que não estão nas lições de gramática, mas que dão o maior rendimento nas aulas de *análise linguística*, já que os alunos são levados a perceber "algo mais", ao lerem e reescreverem textos coletivamente – por exemplo, *Erro de Informação* (*EI*): está aí um aspecto crucial para a atividade jornalística profissional (ou amadora, como a que falantes desempenham em suas conversações cotidianas), fator de coerência externa bastante relevante; por que não explorá-lo com os alunos?

A essa questão de concepção de linguagem subjacente ao trabalho de correção retornarei no capítulo "Como (não) corrigir redações na escola", quando explorarei mais alguns aspectos teóricos da prática de correção. Por enquanto, quero, ainda, tecer algumas considerações acerca da estratégia classificatória de correção.

Vou, agora, comentar as diferenças formais que se podem reconhecer nos próprios símbolos classificatórios, que acabo de agrupar em conjuntos significativos distintos. E dizer das relações possíveis de serem estabelecidas entre o emprego do símbolo classificatório e a utilização simultânea de um outro sinal, de natureza indicativa, como suporte expressivo pelo professor.

No momento em que voltamos nosso olhar para o casamento entre símbolos, para a hibridização da correção classificatória, enfim, para a mistura de intervenções num mesmo episódio, o que se percebe é que quando os problemas são tipicamente locais (van Dijk e Kintsch, 1983) – ou seja, estão dentro dos blocos que chamei de convenções da escrita, norma culta, estruturação frástica e léxico –, além de ser mais provável a ocorrência do suporte indicativo no corpo do texto (como apontei), a classificação codificada desses problemas, na margem, se dá por meio de símbolos precisos, objetivos, claros. Reveja-se o Exemplo 27, a título de ilustração. Em exemplos dessa ordem, um símbolo como *C* (*Concordância*) não só é uma referência exata à natureza do problema, mas também uma pista de revisão generosa, do tipo *Altere a terminação do verbo*. Assim também se dá com símbolos como *A* (*Acentuação*), *M* (*Maiúscula*), *O* (*Ortografia*), *Reg*

(*Regência*) e outros que pretendem falar acerca de problemas que se resolvem no nível de superfície, por meio de operações de revisão muito simples (seja de adição, supressão, deslocamento ou substituição de elementos).

Já quando os problemas são tipicamente globais (isto é, quando pertencem ao bloco de organização textual), além de o suporte indicativo ser menos provável de ocorrer, e de ser feito em geral na margem do texto – conforme demonstrei (ver Exemplo 32) –, a classificação codificada se faz por meio de símbolos vagos, imprecisos, obscuros. Símbolos como *Coer* (*Coerência*) e *?* (*Confuso*) remetem a uma característica do texto como unidade de sentido (ou seja, da interlocução do aluno como um todo) e não a uma determinada forma de expressão (material de superfície) – como é o caso de todos os outros quatro blocos apontados e, dentro deste bloco específico de organização textual, dos símbolos *Coes* (*Coesão*) e *Seq* (*Sequenciação*). Eis a razão por que nem sempre é possível identificar no corpo as marcas linguísticas desse tipo de problema (reveja-se o Exemplo 30). Além, portanto, de se constituir numa referência vaga ao aspecto textual em questão, símbolos dessa espécie não dão recado algum de revisão ao aluno, justamente por remeterem a problemas cuja solução demanda alterações mais profundas de substituição (e não pequenas adições, supressões, substituições ou deslocamentos, como é o caso dos problemas mais localizados referenciados pelos outros blocos de símbolos do código).

Assim, se por um lado, para falar dos aspectos relacionados à materialidade textual, o professor se mostra seguro nas intervenções que faz, por outro, para fazer remissão a aspectos mais profundos do texto, revela-se desamparado e inseguro. A sua facilidade e a sua habilidade em empregar sinais do tipo *A*, *O* e *CV*, por exemplo, contrastam gritantemente com a dificuldade que demonstra na utilização de símbolos como *Coer* e até mesmo *Coes* e *Seq*. Segundo entendo, essa dificuldade reside principalmente no uso da metalinguagem: como classificar o problema detectado? Como fazer referência à sua natureza linguística?

Logo, enquanto se pode afirmar a existência de uma precisão de critérios a orientar a correção codificada, no que diz respeito aos problemas relacionados a aspectos microestruturais, deve-se reconhecer que, no tocante aos aspectos de macroestruturação, ao contrário, o que se nota é uma impressionante imprecisão de critérios que norteiam a utilização do código classificatório.

Vamos às evidências. Segundo pude observar, sobretudo com relação a aspectos textuais mais globais (no sentido de não tipicamente locais), ocorrem, nas redações consideradas, três fatos significativos e típicos do estilo classificatório de correção:

1. uso de símbolos diversos para fazer referência a um mesmo problema;
2. uso de símbolos-curinga para fazer referência a problemas distintos; e

3. uso de "bilhetes" para fazer referência a problemas previstos pelo código, mas não suficientemente indicados por meio dele.

Vejamos o que nos dizem os dados acerca de cada um desses fatos.

Vários símbolos para um mesmo problema

Não estou aqui me referindo ao fato de os professores divergirem entre si quanto à escolha do sinal a empregar, para fazerem referência aos problemas que detectam na leitura das produções, como era de se esperar e como realmente se verifica na apresentação da listagem do código classificatório – ver seção "A correção classificatória", no capítulo "A correção (o turno do professor): uma leitura". Quero chamar a atenção para o fato de um mesmo professor utilizar ora um ora outro sinal para apontar um mesmo problema cuja natureza, muitas vezes, extrapola o nível do meramente localizável.

Quando falo na utilização de sinais diversos para fazer referência a um mesmo problema, quero apontar uma hesitação do professor quanto ao símbolo metalinguístico a empregar. Marcas dessa hesitação podem ser encontradas ou num mesmo episódio de correção (quando o professor sou eu) ou em episódios distintos (quando o professor é também C.).

Observemos o primeiro desses casos.

Único episódio de correção

Somente numa parte do *corpus*, qual seja, em textos por mim corrigidos, é que se observam indícios de dúvida (por parte do professor corretor) quanto ao sinal a empregar numa mesma instância interventiva (isto é, quando se trata de apontar um determinado problema, no contexto de uma redação específica). Casos semelhantes não foram detectados no conjunto dos demais textos analisados.

Muitas vezes, na dúvida entre o uso de um ou de outro símbolo classificatório para falar de um problema de âmbito textual (ou seja, que não está relacionado nem à norma culta, nem às convenções típicas da modalidade escrita, nem às questões de estruturação frástica, nem ao léxico), opto por empregar mais que um símbolo, fazendo o que chamarei de "intervenção dupla". Vejam-se os casos a seguir. Observe-se, inicialmente, o Exemplo 33.

Exemplo 33A (E./par./Anali H./3ª e.m. – T157)/(1ª versão)

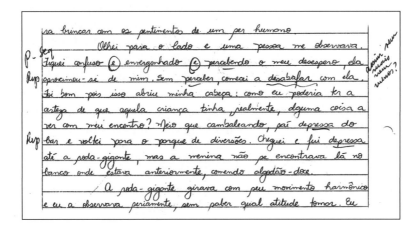

OBS. (1ª versão): Com *Seq*, na margem, digo que o problema é de *Sequenciação*; mas uso também *P* para especificar que é em razão da *pontuação* da sequência assinalada pelos círculos (*Fiquei confuso e envergonhado e percebendo meu desespero, ela aproximou-se de mim*).

Exemplo 33B (2ª versão)

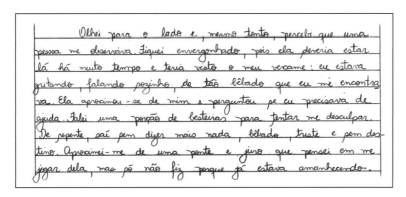

OBS. (2ª versão): Anali reformula uma grande extensão de seu texto, no trecho referente à minha intervenção na 1ª versão.

Enquanto *Seq* aponta para o que há de problemático no produto texto onde intervenho, *P* parece apontar para como se resolveria a questão, para como antevejo a solução (através de uma paráfrase do tipo: *Fiquei confuso, envergonhado e, percebendo meu desespero, ela aproximou-se de mim*: ou *Fiquei confuso e envergonhado, e percebendo meu desespero, ela aproximou-se de mim;* ou, ainda, *Fiquei confuso e envergonhado. E, percebendo meu desespero, ela aproximou-se de mim.*). A dúvida que me levou a essa intervenção "dupla" é esta: deveria eu falar de algo que está explícito no texto de Anali (a sequenciação comprometida, tanto que pode ser nele indicada – vejam-se os círculos nos conectivos) ou deveria eu falar de algo nele implícito, que só pode ser inferido a partir da leitura de toda a sequência escrita pela aluna (a pontuação omitida)?

A correção na forma duplamente codificada parece ter chamado a atenção de Anali, que acaba reformulando seu texto para além da expectativa do próprio símbolo *P*, já que a alteração por ela realizada não tem por escopo apenas a pontuação do trecho em foco. Vejamos mais um caso, o Exemplo 34.

Exemplo 34A (E./par./Rogério F./8º – T111)/(1ª versão)

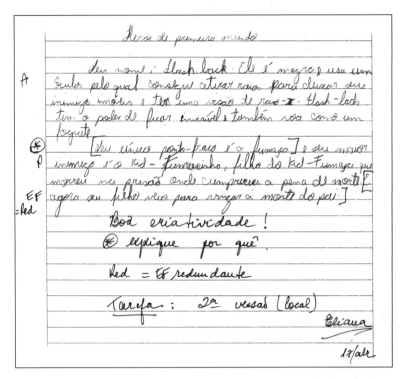

OBS. (1ª versão): Para falar do problema referencial, além dos colchetes no corpo, em *E agora seu filho veio para vingar a morte do pai*, e da classificação com dois símbolos na margem (*EF = Red*), recorro a uma nova codificação via "bilhete" no "pós-texto" (*Red = EF redundante*).

Exemplo 34B (2ª versão)

> 17/abr.
>
> correção local
>
> A = pêlo
> P = é, o
> EF = E agora seu filho vai vingar a morte do pai, pois
> Flash back é que o prendeu
> * = deu único ponto - fraco já a fumaça porque ele
>   tossi até morrer.

OBS. (2ª versão): Rogério altera a sequência focalizada pela minha correção na forma de uma "errata" pós-texto (*EF = E agora seu filho vai vingar a morte do pai, pois Flash back é que o prendeu*).

A correção codificada, neste caso, como se vê, é altamente angustiante. Os recursos empregados nessa intervenção à margem parecem-me (como professora-corretora), insuficientes para mostrar a Rogério que o problema da sequência indicada pelos colchetes é devido a um problema de *coesão referencial* que afeta a *coerência* de todo o texto: a ambiguidade da pró-forma *seu* em *E agora seu filho veio* (uma vez que ela já havia sido empregada em *seu maior inimigo*, cujo referente é *Flash back*, gerando uma dúvida do tipo: filho de quem?). Há, no universo textual, dois possíveis referentes a que a expressão pode estar fazendo remissão (*Flash back* e *Kid-Fumaça*), muito embora o conhecimento de mundo nos leve a interpretar, cooperativamente, *seu filho* como *filho de Flash back*. A utilização que faço de dois símbolos e um "bilhete", para apontar um único problema, atesta uma hesitação de minha parte ao corrigir: deveria eu falar de algo que se pode apontar no texto (a *Estrutura da Frase* marcada por colchetes – *E agora seu filho veio para vingar a morte do pai* – na qual Rogério usou *seu filho*)? Ou deveria eu falar de algo que não se pode marcar com exatidão na superfície textual, mas que afeta a cadeia coesiva de todo o texto (a recorrência da informação de que *Kid-Fumacinha* é filho de *Kid-Fumaça* – dado o emprego de *seu filho* muito proximamente a *filho do Kid-Fumaça*), e que, por isso mesmo, me pareceu *Redundante*?

Embora na revisão Rogério não altere especificamente a expressão *seu filho*, a resposta dada com a inserção da oração explicativa (*pois Flash back é que o prendeu*) mostra que a correção duplamente codificada chamou-lhe a atenção.

Ambos os exemplos dados tratam de problemas de coesão. O primeiro (33), de *coesão sequencial*; o segundo (34), de *coesão referencial*. É de Koch a distinção entre esses dois fenômenos e vale a pena recuperá-la:

> [...] tomando por base a *função* dos mecanismos coesivos na construção da textualidade, proponho que se considere a existência de duas grandes modalidades de coesão: a *coesão referencial* (referenciação, remissão) e a *coesão sequencial* (sequenciação).
>
> [...] Chamo, pois, de *coesão referencial* aquela em que um componente da superfície do texto faz remissão a outro(s) elemento(s) do universo textual. Ao primeiro, denomino *forma referencial* ou *remissiva* e ao segundo, *elemento de referência* ou *referente textual*.
>
> [...] A coesão sequencial diz respeito aos procedimentos linguísticos por meio dos quais se estabelecem, entre segmentos do texto (enunciados, partes de enunciados, parágrafos e mesmo sequências textuais), diversos tipos de relações semânticas e/ou pragmáticas, à medida que se faz o texto progredir.[7]

Mas, como disse, essa insegurança do professor ao intervir classificatoriamente no texto, em casos de correção que falam de problemas que vão além do mero domínio das convenções (como é o caso das duas modalidades de coesão mencionadas – e que, por isso mesmo, extrapolam o nível microestrutural), não se dá apenas na forma de episódios de correção "dupla" em uma mesma redação (como os que acabo de mencionar), típicos da *performance* particular de um sujeito corretor. Tal insegurança também se verifica quando se comparam diversos episódios de correção, isto é, diversas instâncias interventivas em diferentes redações com problemas do mesmo tipo.

Vamos, então, a esse segundo caso.

Episódios distintos de correção

Em se tratando de redações diversas, essa correção dupla pode ser observada em textos interventivos de dois sujeitos: C. e eu. Problemas de incoerência local devida a falhas na referenciação (isto é, que dizem respeito ao uso inadequado de mecanismos coesivos de remissão, dificultando a compreensão do texto por parte do leitor), por exemplo, aparecem sinalizados na correção de duas formas por C., quer por *F/Fr* (*Frase malconstruída*), quer por *?* (*Confuso*), como se pode observar pelos dois próximos exemplos.

- Sinalização por *Fr*: ver Exemplo 35.

Exemplo 35A (C./pub./Lúcio C./5º – T34)/(1ª versão)

[manuscrito do aluno Lúcio Marcos Casonotto, 01/10/86, 5ºE, nº 9, com o texto "A poluição das águas: suas causas e consequências"]

OBS. (1ª versão): Com *Fr*, na margem, C. assinala a incoerência local gerada pelo emprego de *destes* (na sequência *Exemplos destes são:*). A resolutiva com a inclusão de *fatos* na referida sequência procura esclarecer a classificação.

Exemplo 35B (2ª versão)

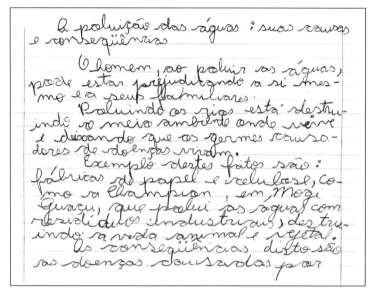

OBS. (2ª versão): Lúcio simplesmente acata a resolução de C., incluindo *fatos* no trecho: *Exemplos destes fatos são*.

- Sinalização pelo símbolo *?*: ver Exemplo 36.

Exemplo 36A (C./pub./Patrícia C./5º – T31)/(1ª versão)

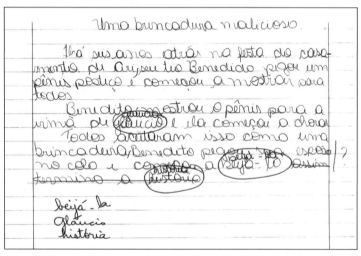

OBS. (1ª versão): O símbolo *?*, na margem, assinala a incoerência local gerada pelo emprego de *beijá-lo* (na sequência *Benedito pegou sua esposo no colo e começou a beijá-lo*). A indicação (o círculo) e a resolutiva (a substituição por *beijá-la*) reforçam a sinalização.

Exemplo 36B (2ª versão)

> Há seis anos atrás na festa de casamento de Cri, seu tio Benedito pegou um pênis postiço e começou a mostrar para todos.
> Benedito mostrou o pênis para a irmã de Gláucio e ela começou a chorar
> Todos aceitaram isso como uma brincadeira, Benedito pegou sua esposa no colo e começou a beijá-la

OBS. (2ª versão): Patrícia incorpora a resolução de C. substituindo *beijá-lo* por *beijá-la*.

Considerando-se a definição de *referência* por Koch (1989), nesta redação de Patrícia, o pronome oblíquo átono *-lo* é uma *forma remissiva sem referente*, já que não remete a nenhum elemento particular do gênero masculino no texto, mas sim do gênero feminino (*sua esposa*) (grafado *esposo*, pela aluna). Daí a sua impropriedade, assinalada pela correção de C.

O mesmo ocorre com o texto de Lúcio: o *referente* que *(d)estes* retoma está ausente de toda a sequência textual, já que não há nela nenhum grupo nominal que poderia preencher as condições de concordância estabelecidas (masculino e plural).

A diferença entre um caso e outro reside na natureza do elemento linguístico focalizado pela correção. Enquanto *-lo* é uma forma remissiva não referencial livre, *(d)estes* é uma forma remissiva referencial presa. É Koch quem esclarece esses conceitos:

> As formas não referenciais livres são aquelas que não acompanham um nome dentro de um grupo nominal, mas que são utilizadas para fazer remissão, anafórica ou cataforicamente, a um ou mais constituintes do universo textual. A estes ficaria reservada a denominação genérica de "pronomes" ou de "pró-formas" [...].[8]

São elas: pronomes pessoais de 3ª pessoa, pronomes substantivos, numerais, advérbios "pronominais", expressões adverbiais e pró-formas verbais.

> Formas remissivas não referenciais presas ("artigos"): são as formas que vêm relacionadas a um nome com o qual concordam em gênero e/ou número, antecedendo-o e ao(s) possível(is) modificador(es) de nome dentro do grupo nominal.[9]

São elas: os artigos definidos e indefinidos, os pronomes adjetivos e os numerais cardinais e ordinais.

A singularidade do caso de Lúcio está também no estatuto da forma *fatos* incluída por C. na correção: trata-se, segundo Koch, de uma forma remissiva referencial cujo lexema fornece instruções de sentido que representam uma "categorização" das instruções de sentido de partes antecedentes do texto, tal qual a exemplificada pela autora: "Imagina-se que existam outros planetas habitados. *Essa hipótese* tem ocupado a mente dos cientistas desde que os OVNIs começaram a ser avistados" (Koch, 1992: 47). A ausência do sintagma nominal *fatos* (acrescentado por C. no texto do aluno) funcionando como elemento de referência demonstra a dificuldade de Lúcio em proceder à categorização aludida por Koch. A intenção de Lúcio só nos é possível de ser identificada pelo emprego de *(d)estes*, a forma remissiva.

Mas o que me leva a discutir tais casos é o fato de que, apesar de se tratar de episódios de correção que não ocorrem numa mesma instância interventiva (como os anteriormente citados), esses exemplos de correção diversa em episódios distintos também mostram como a intervenção pode assumir um caráter "dúbio" na forma (intervenção "dupla", como chamei), porque a hesitação do professor se configura igualmente. A dificuldade que se coloca para C. é da seguinte ordem: qual símbolo empregar? *Fr*, para dizer a Lúcio (no Exemplo 35) que o problema daquele trecho específico de sua redação é a combinação de formas (no caso, a ausência de uma instrução referencial e de conexão para a pró-forma *destes*, na expressão *Exemplo destes são*) – que, por sua vez, causou um problema de incoerência local? Ou o símbolo *?,* para dizer a Patrícia (no Exemplo 36) que o problema é justamente de coerência, de interpretação (a falta de um potencial elemento de referência no cotexto mais imediato de *beijá-lo*, a que se possa atribuir a forma referencial *-lo*)? Talvez, o emprego de resolutivas (como suporte), em ambos os casos, seja a alternativa encontrada por C. para sanar sua dificuldade em classificar problemas desse tipo e tentar ser clara na intervenção.

Pelas respostas que Lúcio e Patrícia dão às intervenções de C., podemos supor que não é o uso de símbolos como *?* (*Confuso*) ou Fr (*Frase malconstruída*) na margem que está fazendo diferença. A aparente facilidade do trabalho de revisão, nesses casos, deve-se muito mais às resoluções no corpo que acompanham as classificações na margem que aos símbolos escolhidos por C. para fazer remissão aos problemas de coesão detectados.

Além de C., também eu alterno o uso de alguns símbolos, empregando ora um, numa redação, ora outro, em outra redação; ambos, porém, com o mesmo valor semântico. Emprego, por exemplo, às vezes *FN* (*Foco Narrativo*), às vezes *Coer* (*Coerência*), para falar de problemas da mesma natureza. É o que demonstram os dois exemplos a seguir. Veja-se o Exemplo 37.

Exemplo 37A (E./par./Fernanda D./5º – T87)/(1ª versão)

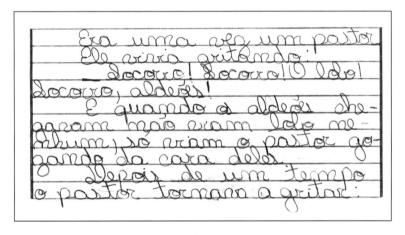

OBS. (1ª versão): Com *FN*, na margem, faço referência à utilização imprópria de *nossa* (1ª pessoa), já que o narrador escolhido por Fernanda é a 3ª pessoa.

Exemplo 37B (2ª versão)

OBS. (2ª versão): Fernanda substitui tranquilamente *nossa cara* por *cara deles*.

Como se vê neste caso, a mudança do foco narrativo por Fernanda, causou um problema de interpretação – de coerência, portanto.

Vejamos agora o Exemplo 38.

Exemplo 38A (E./par./Flávia G./3ª e.m. – T159)/(1ª versão)

[manuscrito]

OBS. (1ª versão): Com *Coer*, na margem, faço referência à expressão *este rio tinha sido*, onde Flávia justapõe *este rio* (e não *aquele rio*) a *tinha sido* (e não a *foi*).

Exemplo 38B (2ª versão)

[manuscrito]

OBS. (2ª versão): Flávia não altera a pró-forma *este* (fato assinalado por mim com o novo *Coer*, na margem, e com as sublinhas em *este*, no corpo).

Embora a mudança de foco narrativo aqui não afete a interpretação do texto, como no exemplo anterior, mesmo assim, como corretora, eu assinalo que se trata de um caso de coerência interna. Usar *este* (uma expressão *do mundo comentado*, típico do comportamento linguístico que conduz o leitor a uma atitude comunicativa tensa, engajada e atenta) pareceu-me uma escolha inapropriada à justaposição com *tinha sido* (uma expressão do *mundo narrado* que, ao contrário, é próprio do comportamento linguístico que leva o leitor a assumir uma atitude receptiva relaxada) – conforme Weinrich (1971).

A mesma questão que C. se colocava, nos outros dois exemplos anteriormente mencionados (35 e 36), é enfrentada por mim nestes exemplos de agora (37 e 38): o que apontar? A causa ou a consequência do problema? A não manutenção do foco narrativo escolhido por Fernanda (3ª pessoa), que gerou a incoerência local? Ou justamente a incoerência local que foi gerada pela mudança do foco narrativo por Flávia?

No primeiro caso, a classificação *FN* na margem parece ter bastado para Fernanda alterar *nossa cara* por *cara deles*. Já no segundo, *Coer* não cumpriu a finalidade pretendida: Flávia não altera *este rio tinha sido* (nem por *aquele rio tinha sido* nem por *este rio foi* – como se poderia esperar). Das duas, uma: ou ela não compreendeu a correção codificada, ou não a aceitou.

Segundo me parece, quando se trata de problemas desse tipo (coerência), o professor tem um comportamento interessante: ou ele corrige na perspectiva da *produção* do texto do aluno, isto é, ou ele corrige como *coautor*, e aí aponta para a *forma*, ou, então, ele corrige na perspectiva da *recepção*, como *coleitor*, e aponta para o *conteúdo*.

Explico – e, a fim de evitar mal-entendido, começo pelas noções de *forma* e *conteúdo*: "*forma* será entendida na sua oposição tradicional a *conteúdo*, sendo conteúdo qualquer efeito de sentido que a forma, utilizada contextualmente, é capaz de produzir..." (Possenti, 1993: 117-119).

Nesse sentido, quando a intenção é evidenciar a *forma* empregada pelo aluno em seu texto, que por sua vez causou um determinado efeito de sentido (no lugar de dizer exatamente isso, que se afetou a coerência), o professor opta por tentar levar o aluno a perceber o que foi que gerou o problema. E aí a correção vai especificar a natureza particular daquele aspecto formal que interferiu no conteúdo. É o que ocorre com *Fr*, usado por C. (no Exemplo 36, em contraponto ao Exemplo 35), e com *FN*, por mim empregado (no Exemplo 37, em contraponto ao Exemplo 38).

Ao utilizar *Fr*, C. se refere, conforme vimos, a um caso típico de coesão que tem repercussão na coerência mais localizada do texto (o uso de *destes*, sem referente expresso). *Fr* (*Frase malconstruída*) evidencia, pois, o trabalho de escolha formal pelo aluno, Lúcio, malsucedido.

Já ao utilizar *?*, no Exemplo 36, ao contrário, C. não mais deseja tematizar a causa da inconsistência, mas ela própria, como consequência de uma escolha formal qualquer por Patrícia (que não importa considerar naquele momento). O efeito de sentido de *beijá-lo* é que parece interessante assinalar.

Nos meus casos de intervenção ocorre o mesmo. Falar do *Foco Narrativo* para Fernanda (no Exemplo 37), apontando justamente a coocorrência da primeira e da terceira pessoas no mesmo texto, parece fazer mais sentido para mim do que dizer que aquilo me impressionou pela inconsistência que produz.

Por outro lado, dizer para Flávia do estranhamento que a leitura de *este* naquele contexto específico me causou (Exemplo 38) pareceu-me mais pertinente do que apontar a natureza da forma linguística empregada por ela.

Tentar fornecer uma resposta adequada à questão de o que leva o professor a se ocupar de uma ou de outra coisa, em cada episódio interventivo é, entretanto, algo difícil de se fazer. O que, contudo, certamente pode ser dito é que essa alternância entre focalizar a *forma* e enfocar o *conteúdo* só é possível de se dar pela natureza própria do fenômeno da *coerência*.

Segundo Koch e Travaglia,

> [...] a coerência está diretamente ligada à possibilidade de se estabelecer um sentido para o texto, ou seja, ela é o que faz com que o texto faça sentido para os usuários, devendo, portanto, ser entendida como um princípio de interpretabilidade, ligada à inteligibilidade do texto numa situação de comunicação e à capacidade que o receptor tem para calcular o sentido deste texto. Este sentido, evidentemente, deve ser do todo, pois a coerência é global.[10]

Isso quer dizer que, ao explicarmos o que é coerência textual, não é suficiente assinalar as relações que devem existir entre as unidades linguísticas que representam superficialmente o texto, mas é necessário considerar o processo total, desde a intenção comunicativa do falante até as estruturas linguísticas em que se manifesta finalmente essa intenção.

Muito embora os estudiosos acentuem que a coerência é um fenômeno de natureza global, referente ao texto como um todo, uma vez que ativa processos cognitivos e interacionais que remetem ao texto como unidade de sentido (sendo, pois, ao mesmo tempo, semântica e pragmática), ela tem, para autores como Koch e Travaglia, "também uma dimensão sintática (gramatical, linguística)" (Koch e Travaglia, 1989: 12) que é preciso reconhecer.

Nessa mesma linha de pensamento estão van Dijk (1981) e van Dijk e Kintsch (1983), para quem o termo *coerência* pode ser usado em sentido geral para denotar que alguma forma de relação ou unidade no discurso pode ser estabelecida. Contudo, por conceberem a coerência, como mencionei, não só num âmbito global (no texto como um todo), mas, igualmente, num âmbito local (frases ou sequências de frases no texto), eles reconhecem a existência de diversos tipos de coerência – a *coerência semântica*, que diz respeito à relação entre significados dos elementos das frases em sequência em um texto (local) ou entre os elementos do texto como um todo (macroestrutura semântica); a *coerência sintática*, que se refere aos meios sintáticos para expressar a coerência semântica (por exemplo, uso de pronomes e SNs definidos); a *coerência estilística*, que significa que um usuário, em seu texto, faz uso do mesmo estilo ou registro, na escolha lexical, comprimento e complexidade da frase etc., noção que parece necessária para explicar fenômenos de quebras estilísticas; e *coerência pragmática*, que caracteriza o discurso quando estudado como uma sequência de atos de fala, desde que atos de fala em sequência sejam condicionalmente relacionados e satisfaçam as mesmas condições de propriedade que se mantêm para um contexto pragmático dado (uma sequência de pedido polido seguida por uma ordem seria pragmaticamente incoerente).

O aspecto sintático da coerência é largamente explorado por Koch (1989), no estudo dos fenômenos de coesão. E é esse aspecto que me parece crucial de ser considerado, se quisermos entender o porquê do comportamento do professor em correções duplas, como as mencionadas.

Como bem coloca Bernárdez (1992), embora metodologicamente seja importante separar coesão de coerência, é preciso não esquecer que são dois aspectos do mesmo fenômeno. E mais:

> Todos os estudiosos do texto estão de acordo quanto ao fato de que coesão e coerência estão intimamente relacionadas no processo de produção e compreensão do texto.
> [...] Na verdade, a coesão ajuda a perceber a coerência na compreensão dos textos, porque é resultado da coerência no processo de produção desses mesmos textos.[11]

Assim sendo, se, por um lado, as marcas de coesão têm a função de facilitar o cálculo da coerência de um texto (e, portanto, a sua interpretação), por outro, são essas mesmas marcas que podem fazer com que haja incoerência numa dada sequência de texto, e que, mesmo não impedindo o cálculo de sentido por parte do receptor, geram um estranhamento pela violação ou não uso de certos elementos necessários ao cálculo mais direto da coerência (Charolles, 1978).

Ora, não é isso que acontece nas produções citadas? Empregos de expressões como *Exemplos destes são*, (Exemplo 35), *começou a beijá-lo* (Exemplo 36), *nossa cara* (Exemplo 37) e *este rio tinha sido* (Exemplo 38) violam as especificidades de uso de certos elementos da língua, no caso, os pronomes anafóricos. Por isso, prejudicam a coerência local do texto, muito embora não impeçam o cálculo de seu sentido global.

Para Bernárdez (1992), há três fases no processo de criação de um texto, e as falhas de coerência podem ocorrer em qualquer uma delas: na fase da intenção comunicativa, na do planejamento global que possibilite realizar essa intenção, ou na fase da formulação linguística, responsável pela realização das operações necessárias para expressar verbalmente esse plano global, de maneira que, através das estruturas superficiais, o falante seja capaz de reconstituir ou identificar a intenção comunicativa inicial.

Violações como as mencionadas são típicas dessa última fase de produção textual, de modo que é possível que o professor, ao apontá-las, tanto enfatize, no nível superficial, as marcas de coesão mal-empregadas, como ressalte, no nível profundo, os efeitos de sentido, de coerência, causados por essas mesmas marcas.

Tenho que, quando o professor fala da forma, coloca-se como *produtor* do texto, estabelecendo, assim, um grau de proximidade mais acentuado com o aluno. Já quando remete ao conteúdo, coloca-se nitidamente na perspectiva de quem lê, aproximando-se, inclusive, do leitor virtual do texto.

Isso mostra como esse trabalho de mediação a distância, via escrita, mobiliza a capacidade de empatia por parte do interveniente. Talvez, quanto maior for esse grau empático, maior a probabilidade de se empregarem marcações de caráter duplo, seja num mesmo episódio de correção, seja em episódios distintos – fato que não me cabe, contudo, explorar aqui.

Além da referida hesitação quanto ao uso de *FN* e *Coer*, eu também (como um sujeito entre os demais) apresento uma outra em minhas correções. Trata-se do emprego alternado de *Seq* (Sequenciação), *Coes* (Coesão), e *P* (Pontuação), quando pretendo falar de um mesmo tipo de problema. É o que se observa nos três casos a seguir.

• Caso de *Seq*: ver Exemplo 39.[12]

Exemplo 39A (E./par./Leandra I./2ª e.m. – T136)/(1ª versão)

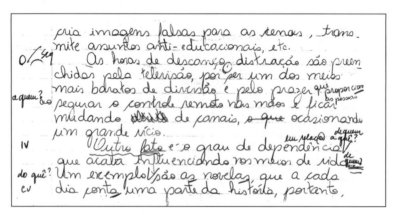

OBS. (1ª versão): Com *Seq*, na margem, faço referência ao uso da vírgula após *descanço* e não ao não uso após distração, na sequência *As horas de descanço, distração são preenchidas pela televisão.*

Exemplo 39B (2ª versão)

> gens falsas para as cenas, transmite assuntos anti-educacionais, etc.
> As horas de descanso e distração são preenchidas pela televisão, por ser um dos meios mais baratos de diversão para todas as pessoas que a possuem.
> Outro aspecto é o grau de dependência a que as pessoas têm sobre este meio de comunicação. Um exemplo disto são as

OBS. (2ª versão): Leandra substitui a vírgula após *descanço* pelo conectivo *e*.

- Caso de *Coes*: ver Exemplo 40.

Exemplo 40A (E./par./Leandra I./2ª e.m. – T135)/(1ª versão)

> porque o índice de favelas está aumentando muito, dando origem aos marginalizados.
> A poluição também faz parte do quadro que aterroriza São Paulo, as fumaças lançadas pelas indústrias e pelo motor dos carros está escondendo São Paulo numa enorme nuvem negra (e) que causa a cada dia que passa várias doenças respiratórias.
> Estas e muitas outras são as dificuldades que decorrem em São Paulo. Como

OBS. (1ª versão): Com *Coes*, na margem, falo do problema sequencial causado pelo uso do conectivo *e* na sequência *está escondendo São Paulo numa enorme nuvem negra e que causa a cada dia que passa*.

Exemplo 40B (2ª versão)

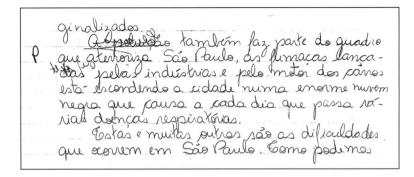

OBS. (2ª versão): Leandra suprime o *e* da sequência: *está escondendo a cidade numa enorme nuvem negra que causa a cada dia que passa.*

- Caso de *P*: ver Exemplo 41.

Exemplo 41A (E./par./Rogério F./8º – T10)/(1ª versão)

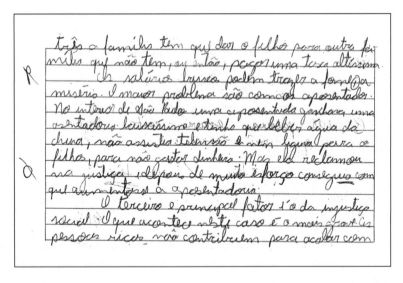

OBS. (1ª versão): Com *P*, na margem, aponto para o uso da vírgula após *fome*, na sequência *podem trazer a fome, a miséria*. (Os cortes nos símbolos *P* e *O* foram feitos pelo aluno.)

Exemplo 41B (2ª versão)

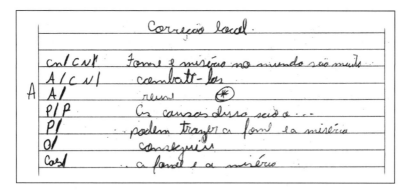

OBS. (2ª versão): Com uma revisão na forma de "errata", Rogério suprime a vírgula e adiciona a partícula *e* na sequência em questão (*P/ podem trazer a fome e a miséria*).

Este é um outro caso em que, num rigor excessivo, não aceito a construção justaposta sem partícula. Segundo Koch, o *encadeamento* é um dos mecanismos de sequenciação frástica, pois permite estabelecer relações semânticas e/ou discursivas entre orações, enunciados ou sequências maiores do texto. Pode ser obtido por *justaposição* ou por *conexão*:

> A justaposição pode dar-se com ou sem o uso de partículas sequenciadoras. A justaposição sem partículas, particularmente no texto escrito, extrapola o âmbito da coesão textual, que diz respeito ao modo como os componentes da superfície textual se encontram conectados entre si *através de elementos linguísticos*. Inexistindo tais elementos, cabe ao leitor construir a coerência do texto, estabelecendo mentalmente as relações semânticas e/ou discursivas. Nesses casos, o lugar do conector ou partícula é marcado, na escrita, por sinais de pontuação (vírgula, ponto e vírgula, dois pontos, ponto) e, na fala, pelas pausas.[13]

Em qualquer desses casos, minha dificuldade como professora esteve relacionada ao gerenciamento dos símbolos metalinguísticos a empregar, para fazer referência a problemas de coerência e de coesão. Isso mostra como problemas dessa ordem são um grande desafio para o professor ao corrigir classificatoriamente.

Curiosamente, entretanto, essa dificuldade do professor parece ora afetar ora não afetar o comportamento do aluno-revisor na reescrita de seu texto. Tanto Fernanda (Exemplo 37), como Leandra (Exemplo 39) não se mostram perturbadas pela correção. Já Flávia (Exemplo 38), sim – note-se que neste caso específico só usei classificatória e indicativa, não "bilhetes", o que me permite inferir que não é o símbolo metalinguístico em si, escolhido pelo professor, que vai levar a uma diferença significativa na *performance* revisiva do aluno-produtor. Em outras palavras: não é o fato de C. empregar *Fr* ou *?* (nos Exemplos 34 e 35), para falar da referenciação, ou de eu usar *FN* ou *Coer* (nos Exemplos 37 e 38), para apontar a incompatibilidade de certas formas com o foco narrativo escolhido, ou, ainda, de eu empregar ora *Seq*, ora *Coes*, ora *P* (nos Exemplos 39, 40 e 41), para dizer que a coesão sequencial do texto está comprometida; enfim, não são fatos como esses que importam – se bem que para mim importa (nos dois sentidos, como professora e como pesquisadora) o fato de ser justamente eu o sujeito que mais hesita nas correções que faz. De outro modo: não é tanto a forma de se referir classificatoriamente aos problemas do texto que conta na correção, mas o tipo de problema focalizado pelo professor na leitura que faz do texto do aluno (pois, evidentemente, é isso que tem a ver com a resposta que o aluno pode dar na reescrita).

O fato de haver no *corpus* casos de hesitação do professor no emprego do símbolo classificatório (como os que acabo de mostrar) revela haver um conjunto de símbolos que são utilizados por alguns professores (no caso, eu e C.) de forma mais generalizada que os demais classificatórios, e que, portanto, formam, com estes, um par opositivo significativo. São símbolos que não remetem necessariamente à forma linguística empregada no texto pelo aluno (como os relacionados à norma culta ou às convenções da escrita), mas que, por dizerem respeito a um aspecto de significação mais amplo envolvido no uso dessa mesma forma, falam dela apenas indiretamente. Daí muitas vezes não se fazerem acompanhar de sinais precisos indicativos no corpo, que apontam exatamente para o elemento de superfície a ser alterado (como os outros símbolos do código), deixando-se apenas complementar, de vez em quando, por indicações mais vagas.

Usados com menor cuidado do que todos os outros, esses símbolos mais gerais são encontrados em contextos onde, por vezes, talvez coubessem outros, mais específicos. Desempenham, assim, um forte papel substitutivo (na falta de algo melhor, servem eles mesmos...), funcionando como uma espécie de curinga, que vale mais quando se trata de falar de aspectos que fogem do âmbito do estritamente local e que, por isso mesmo, escapam à minuciosa classificação do código.

Vejamos, pois, quais são e como se comportam tais símbolos-curinga, nas correções.

Símbolos-curinga

Três grandes curingas foram encontrados no conjunto de sinais analisados. Apresento-os por ordem crescente de frequência de emprego no montante de redações analisadas:

1. *Coes* (*Coesão*);
2. *Coer* (*Coerência*)/? (*Confuso*); e
3. *Fr* (*Frase malconstruída*)/*EF* (*Estrutura da Frase*).

Observemos cada um em separado.

Coes (Coesão)

Nos textos interventivos que analisei, o símbolo *Coes* (*Coesão*) é usado apenas por um sujeito: eu (seja para apontar problemas de sequenciação, seja de referenciação). A Linguística Textual, contudo, já há muito esclareceu a diferença entre esses fenômenos coesivos (Koch, 1989, já mencionada). Mas, a despeito dessa distinção teórica, em muitos episódios de correção, eu não a reconheço, como professora-corretora, na classificação que faço dos problemas que detecto nas redações de meus alunos. Observem-se estes exemplos.

- Primeiro caso – *Coes* sinalizando um problema de sequenciação: ver Exemplo 42.

Exemplo 42A (E./par./Fabiana L./7º – T102)/(1ª versão)

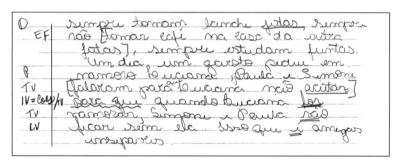

OBS. (1ª versão): Com *IV = Coes*, na margem, aponto para o problema de sequenciação causado pelo uso inadequado do conectivo *para que*, sublinhado no corpo (na sequência *falaram para que Luciana não aceitar para que quando Luciana for namorar*).

Exemplo 42B (2ª versão)

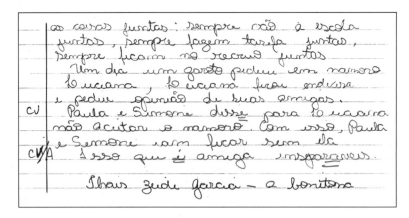

OBS. (2ª versão): Fabiana faz uma substituição total do trecho, o que, entretanto, causa um novo problema (de concordância) por mim assinalado na margem (com *CV*).

- Segundo caso – *Coes* sinalizando um problema de referenciação: ver Exemplo 29, no qual, com *Coes*, na margem (1ª versão), aponto para o problema de referenciação da sequência *mais jovens* (indicada pelos últimos colchetes, no corpo); e Rogério, em resposta (2ª versão), faz uma grande substituição na sequência focalizada.

Como dá para perceber, *Coes* é um grande curinga, que utilizo para apontar indistintamente problemas que dizem respeito a qualquer um dos dois grandes aspectos vinculados à coesão textual: a referência e a sequenciação. Muito embora essa classificação mais geral *Coesão* não especifique qual desses dois aspectos distintos está em jogo, o que vale a pena salientar é que, em ambos os casos (tanto de referenciação como de sequenciação), a classificação na margem se deixa subsidiar por sinalizações no corpo (sublinhas ou colchetes), o que nem sempre ocorre com o outro curinga (*Coer*), conforme se verá.

Isso se deve à natureza dos problemas coesivos: eles se permitem sinalizar no corpo, uma vez que o próprio fenômeno da coesão, como apontei também na Introdução, é explicitamente revelado por meio de marcas linguísticas formais na estrutura superficial do texto (Koch e Travaglia, 1990: 13). As indicações que se fazem no corpo, a fim de reforçar a sinalização *Coes* na margem, nada mais são do que pistas mais precisas fornecidas pelo professor de como ele pode proceder à revisão; pistas que só são possíveis de ser traçadas graças à natureza típica dos problemas coesivos.

Já havia sinalizado a pertinência, para os fins desta análise, de se considerar minha hesitação como professora nas anotações de correção. Não é, portanto, gratuito o fato de, nesta seção, eu ter apresentado dados que revelam não só o estatuto de curinga de *Coes*, como também um comportamento diferenciado de um dos sujeitos diante dos demais.

Não é extremamente significativo o fato de o sujeito mais instável nesse grupo de corretores ser justamente um professor que é também pesquisador? Os símbolos que eu, na condição de sujeito, uso para falar de certos problemas não são compartilhados por nenhum outro integrante do grupo de professores da pesquisa. *Coer*, por exemplo, além de outros já citados, não é empregado por mais ninguém que faça parte desse conjunto. Isso mostra talvez haver de minha parte uma disposição maior para o risco do que por parte dos meus colegas sujeitos, ainda que a preço de uma enorme angústia pessoal minha em face das incertezas que carrego e que demonstro nas correções que faço. São inúmeros os casos de borrões ou de uso de corretivo que se podem encontrar em minhas anotações no *corpus*, demonstrando um permanente comportamento de autocorreção.

Não encontrei registros de atitudes epilinguísticas dessa natureza nos textos dos demais colegas professores. Enquanto eles agem como que movidos por uma certa convicção, eu me policio o tempo todo, com medo de cada passo dado. A leitura do conjunto de redações revela que, de todo o grupo, eu aparento ser o sujeito mais inseguro, com menos certeza quanto ao uso dos meus instrumentos de trabalho, ou das técnicas que utilizo.

E isso é significativo por várias razões. Primeiro, essas intervenções ocorreram num momento específico de minha vida profissional, previamente a esta pesquisa, quando eu me perguntava, solitariamente, como é que deveria me dirigir ao aluno por meio de metalinguagem. Segundo: essas intervenções continuaram a ocorrer num momento que coincidiu com o da elaboração do meu projeto de pesquisa; portanto, além de retratarem uma questão pessoal, passaram a ser fruto de uma dúvida metódica, e a ter um valor crucial para mim, já que se transformaram em tema de pesquisa. Terceiro: muito embora, metodologicamente, no momento da coleta dos dados eu não tivesse tido a intenção de transformar os textos dos meus alunos, por mim corrigidos, em dados de pesquisa, essas intervenções passaram a ser um grande desafio pessoal para mim, pois eu já entrava em contato, na época, com todo um universo de intervenções (as de meus colegas, então sujeitos) às quais tinha acesso por conta deste trabalho. Sendo assim, mesmo sem saber que, mais tarde, elas viriam a público a propósito da pesquisa, eu já me incomodava muito com a minha *performance* interventiva. Por isso me dava o direito de experimentar a todo momento. Se faz sentido dizer que eu estava em busca de um estilo pessoal de intervenção, faz mais sentido ainda afirmar que meu estilo era não ter estilo algum. Com receio das pequenas sutilezas inerentes ao trabalho de correção, estava sempre tentando algo novo em meu trabalho. Vivia, pois, um verdadeiro paradoxo: sabia que precisava ir além para conseguir mais, mas sabia também que ir além significava correr riscos de conseguir menos ainda e, contrariamente ao esperado, confundir o aluno ao invés de esclarecer-lhe.

Não me contentava com o que já tinha; partia rumo ao desconhecido, tentando formas novas para me dirigir ao aluno de modo codificado. E aí me arrependia, equivocava-me, voltava atrás; mas inventava novamente, tentava outra vez, arriscando sempre. Minhas intervenções me permitiam ir além do domínio da decisão, da certeza, talvez por serem construídas justamente no interior da dúvida, da insegurança, da dificuldade. O que me faz lembrar Rubem Alves que, citando T.S. Eliot e Adélia Prado, diz: "Salva-me ó Deus, da dor do amor não satisfeito, e da dor muito maior do amor satisfeito. [...] O que eu quero é fome" (Alves, 1997: 56).

São poucos os professores que se arriscam dessa forma nos textos analisados, e talvez por isso mesmo os símbolos que remetem a problemas no nível macrotextual sejam tão escassos no *corpus*, relativamente aos demais do código. É provável que, se os outros sujeitos também se arriscassem, outros seriam os dados e outra seria a realidade encontrada nos textos analisados. Na parte final do trabalho, pretendo retomar esse dado contextual importante da pesquisa: o do risco e suas implicações.

Passemos, agora, a mais um curinga.

? (Confuso)/Coer (Coerência)

Além de *Coes* (*Coesão*), o curinga *?* (*Confuso*)/*Coer* (*Coerência*), por sua vez, é utilizado para fazer referência a vários tipos de problemas geradores de incoerência local. É o que mostram os exemplos que seguem.

Primeiro caso do uso do símbolo *?*: ver Exemplo 43.

Exemplo 43A (Mc./par./Thiago B./9° – T76)[14]/(1ª versão)

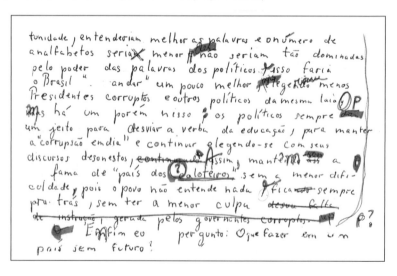

OBS. (1ª versão): Mc. emprega o símbolo *?*, no corpo, acima da expressão *"país dos caloteiros"*.

Exemplo 43B (2ª versão)

> e outros políticos da mesma laia. Mas há um porém
> nisso: os políticos sempre dão um jeito para desviar a verba
> da educação, para manter a "corrupção em dia" e continuar
> com seus discursos desonestos. Assim, mantendo a fama
> Internacional de "país dos caloteiros" sem a menor dificul-
> dade, pois o povo não entende nada e fica sempre
> pra trás, sem ter a menor culpa.
>   Enfim eu pergunto: O que fazer em um país
> sem futuro?

OBS. (2ª versão): Thiago não altera a expressão e a mantém entre aspas, tal qual no original.

Talvez o fato de o sinal *?* ter sido feito no corpo da redação de Thiago e de modo sobreposto à expressão *"país dos caloteiros"* torne-o ambíguo: não se sabe se ele está se referindo à própria expressão (e, assim, estaria demandando maiores esclarecimentos quanto à sua referência – que, contudo, me parece perfeita, já que as aspas são o recurso adequado a esse uso do discurso direto) ou se o símbolo está se referindo ao restante do texto, já que de fato há um problema de interpretação gerado pelo encadeamento utilizado por Thiago (já que a mudança de tópico de *políticos* para *povo*, na explicativa *pois o povo não entende nada ficando sempre para trás,* não permite a utilização de *sem ter a menor culpa*, na sequência, pois esta se refere ao tópico inicial).

Seja como for, o emprego de *?* por Mc., nesta intervenção, advém da sua intenção de apontar algo que afetou a coerência do texto de Thiago.

Não sabemos se o comportamento de Thiago, nessa revisão, explica-se por um desentendimento seu da correção de Mc., ou se por uma resistência sua em acatar a pecha de "sem sentido" atribuída à sequência.

- Segundo caso do uso do símbolo *?*: ver Exemplo 44.[15]

Exemplo 44A (N./par./Roberta B./6º – T61)/(1ª versão)

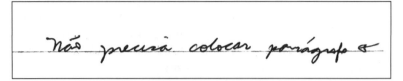

OBS. (1ª versão): Com o símbolo *?* e um traço vertical, na margem (na verdade, na página em espelho, conforme se pode ver na 2ª versão, Exemplo 44B), N. deixa um "bilhete" sobre a inadequação da sequência *Este lugar é um lugar onde tirado sangue e mandado para a esteira* (ver imagem da 2ª versão, que é idêntica à 1ª, já que a aluna não reescreveu seu texto).

Exemplo 44B (2ª versão)

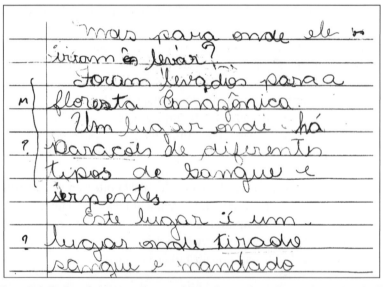

OBS. (2ª versão): Embora Roberta resolva o problema da coordenação com *barracões de diferentes tipos de sangue e serpentes*, ela não procede à alteração da paragrafação. A incoerência do trecho, assim, se mantém (este é um caso de revisão *in loco*).

Neste caso, há ambiguidade na utilização do primeiro símbolo *?*: apesar do "bilhete" na margem, não se sabe se o símbolo *?* se refere à inadequação da paragrafação que isolou a frase nominal apositiva *Um lugar onde há barracões de diferentes tipos de sangue e serpentes*, ou se o símbolo se refere à sequência *onde há barracões de diferentes tipos de sangue e serpentes*, cuja coordenação com *e* amplia o escopo da preposição *de* (em *tipos de sangue e serpentes*) nessa estrutura apositiva explicativa: quais constituintes *e* estaria coordenando? Os objetos de *há* (*barracões de diferentes tipos de sangue e serpentes*)? Ou os complementos de *tipos* (*sangue e serpentes*)? Em qualquer dos casos, pois, o uso do símbolo *?* por N. tem o objetivo de atentar Roberta para uma questão de coerência de seu texto.

A não alteração do texto por Roberta (no caso do primeiro *?*) nos leva a inferir que a correção codificada de N. não surtiu efeito. Seu comportamento é idêntico ao de Thiago, no exemplo anterior.

• Terceiro caso do uso do símbolo *?*: ver Exemplo 45.[16]

Exemplo 45A (N./par./Roberta B./6º – T61)/(1ª versão)

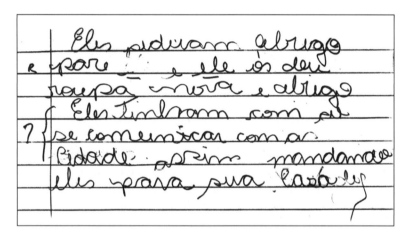

OBS. (1ª versão): Com o símbolo *?* e uma chave na margem, N. se refere à incoerência local do trecho *Eles tinham com de se comunicar com as pessoas assim mandando eles para sua cidades.*

Exemplo 45B (2ª versão)

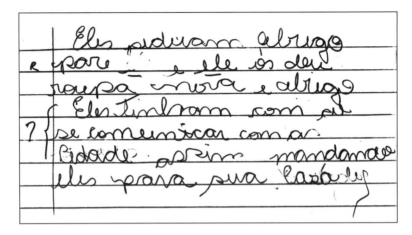

OBS. (2ª versão sobreposta à 1ª): Roberta altera (por meio de apagamento e sobreposição de escrita) a sequência assinalada por N. para *Eles tinham como se comunicar com a cidade assim mandando eles para sua casa*.

O símbolo *?*, neste caso, aponta para um problema diverso dos já citados: a justaposição de duas preposições (*com* e *de*). Isso me levou, inicialmente, a supor que a aluna se esqueceu de impedir (por meio de apagamento) que o leitor tivesse acesso à gênese do seu texto (ao seu pensamento no momento da escrita), registrando, primeiro, *com* de *comunicar* (porque tinha a intenção de escrever *tinham comunicado*) e, depois, *de se comunicar* (porque mudou sua intenção inicial *tinham comunicado* para *tinham de se comunicar*). De qualquer modo, numa primeira análise, presumi que se tratava da influência de um fato típico da oralidade: um menor rigor quanto ao planejamento do que será dito e a impossibilidade de se anular o já dito (o que na escrita, contudo, não se coloca, justamente pela possibilidade desse tipo de apagamento).

Entretanto, a modificação que Roberta faz em seu texto, substituindo *com de* (em *Eles tinham com de se comunicar*) por *como* (em *Eles tinham como se comunicar*), faz cair por terra as suposições que ambas (N. e eu, a professora e a pesquisadora) fizemos na leitura da primeira versão. Ao que parece, nem N. nem eu (que me deixei levar pela sua interpretação) fizemos a leitura adequada do trecho. De qualquer modo, a construção é esdrúxula. E a utilização de *?* por N. deve-se justamente ao fato de ela criar, se não uma dificuldade de interpretação, ao menos um estranhamento no leitor, forçando-o a uma releitura da sequência.

- Último caso do uso de *?*: ver Exemplo 46.

Exemplo 46A (E./par./Anali H./3ª e.m. – T147)/(1ª versão)

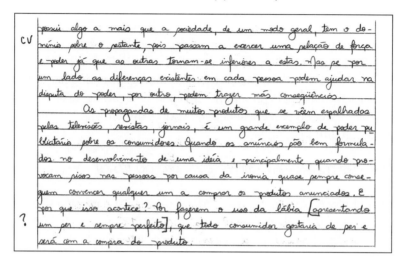

OBS. (1ª versão): Com *?*, na margem, faço referência à vagueza da estrutura *apresentando um ser e sempre perfeito* sinalizada pelos colchetes no corpo.

Exemplo 46B (2ª versão)

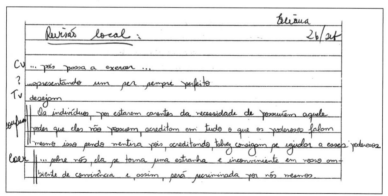

OBS. (2ª versão): Anali suprime o *e* da sequência revisada na forma de "errata": *apresentando um ser sempre perfeito*.

Parece que o que me levou ao emprego de *?*, neste episódio, foi o uso do conectivo *e* na estrutura *apresentando um ser e sempre perfeito*. Se a sequência fosse *apresentando um ser sempre perfeito*, conforme a alteração de Anali na 2ª versão, ela estaria perfeita no contexto. O uso de *e* causa uma incoerência na sequência *apresentando um ser*, cuja referência se perde, dificultando, assim, a compreensão.

Diferentemente de seus colegas, Anali não apenas muda seu texto, como igualmente tem sucesso na operação. Isso nos diz que, da mesma maneira que as alterações efetuadas nas revisões podem encontrar explicação nos símbolos empregados nas correções, elas podem se dar à revelia destes.

Conforme demonstram esses exemplos, o símbolos *?* e sua variante *Coer* são curingas, tendo em vista que podem ser empregados em qualquer contexto cujas escolhas formais, pelo produtor, implicarem um problema de interpretação (ou seja, dificultarem o processamento do texto pelo leitor).

Agora, o último curinga.

Fr (Frase malconstruída)/EF (Estrutura da frase)

O símbolo *Fr* (e seu correlato *EF*) é o mais largamente utilizado pelos professores para fazer referência àqueles problemas que não são do domínio do texto, em sua globalidade, mas que também não são do âmbito das convenções linguísticas (seja em relação à norma padrão, seja em relação à modalidade escrita). Por ser de utilização corriqueira, *Fr/EF* é empregado tanto para fazer referência a problemas estruturais que levam a incoerências, como a problemas estruturais que não têm reflexo na interpretabilidade do texto. Vejamos.

- Primeiro episódio de uso de *Fr/EF*: ver Exemplo 47.

Exemplo 47A (C./pub./Giovanni A./6º – T35)/(1ª versão)

OBS. (1ª versão): C. chama a atenção de Giovanni para o problema de coesão referencial causado pelas repetições das formas lexicais *contou, tinha* e *ele*.

Exemplo 47B (2ª versão)

> O acidente que quase o bisavô do Marcos criou.
>
> Hoje meu amigo Marcos contou uma história de sua família. Ele disse que seu bisavô, que também se chama Marcos, ~~então Marcos~~ participara de um grupo que tinha como passatempo o tiro ao alvo e só o bisavô do Marcos não tinha uma arma.
> Ele comprou uma arma e foi atirar lá na

[marcações: FR, CR]

OBS. (2ª versão): Ambos os *Fr* são usados para apontar problemas de coesão. Mas Giovanni não procede à segunda reescrita de seu texto.

O que importa assinalar neste exemplo (ver a 2ª versão) é que, enquanto o primeiro *Fr* aponta para a falta de coesão referencial, o segundo aponta para uma falha na coesão sequencial do trecho.

Observe-se, entretanto, que o primeiro é usado para falar do problema causado pela terceira ocorrência da expressão nominal *Marcos* (portanto, aponta para um aspecto de referenciação do texto). A tentativa de desambiguização dessa forma por C. (ao riscar *então Marcos*) mostra que, na verdade, esse *Fr*, além de indicar que se trata de um problema coesivo, diz também que esse problema afeta a coerência do texto (pois essa forma referencial demanda um esforço maior de cálculo interpretativo por parte do leitor, para identificar seu referente).

Já o segundo *Fr* acompanhado de uma resolutiva (a sobreposição de *como* a *seu*, no corpo) é usado para falar apenas de um problema coesivo de sequenciação, que, neste caso, não impede o cálculo de sentido pelo leitor, como o anterior (não afeta, portanto, a coerência).

Diferentemente deste caso, contudo, os exemplos a seguir demonstram que, quando *EF* (*Estrutura da Frase*) é usado para falar de problemas estruturais que não interferem na coerência local, em geral, remete ou a problemas de ordem sintática (a má combinação de constituintes), ou a problemas de ordem lexical (a má seleção de constituintes). Observem-se os dois próximos exemplos.

- Segundo episódio de uso de *Fr/EF*: ver Exemplos 48 e 49.

Exemplo 48A (C./pub./Lúcio P./6º – T33)/(1ª versão)

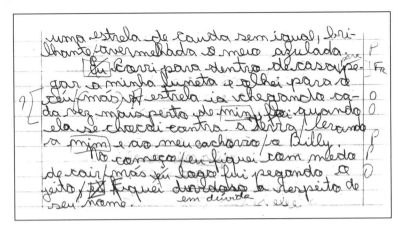

OBS. (1ª versão): Com *Fr*, na margem, C. faz referência a um problema sintático: a omissão de *para* (que, no entanto, me parece perfeita) em *corri para dentro de casa pegar a minha luneta*, acrescentado resolutivamente no corpo.

Exemplo 48B (2ª versão)

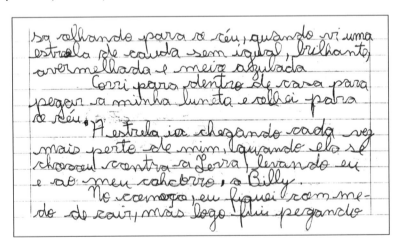

OBS. (2ª versão): Lúcio incorpora a resolução apresentada por C. (inserindo *para* no trecho *corri para dentro de casa para pegar a minha luneta*).

Exemplo 49A (E./par./Anali H./3ª e.m. – T151)/(1ª versão)

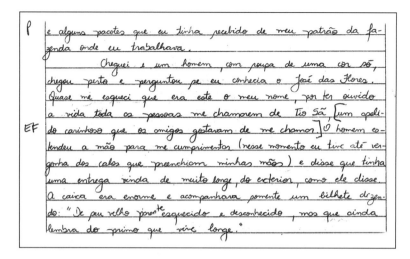

OBS. (1ª versão): Com *EF*, na margem, aponto para um problema sintático (de regência): o gerado pelo emprego de *que*, na sequência *um apelido carinhoso que os amigos gostavam de me chamar*, delimitada por colchetes, no corpo.

Exemplo 49B (2ª versão)

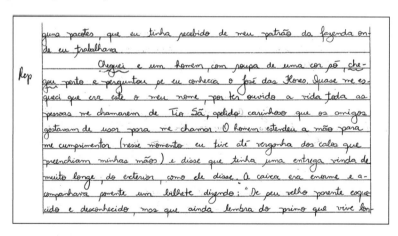

OBS. (2ª versão): Anali suprime o artigo indefinido *um* (de *um apelido*) e substitui *gostavam de me chamar* por *gostavam de usar para me chamar*, apresentando, por fim, a seguinte versão para o trecho: *apelido carinhoso que os amigos gostavam de usar para me chamar*.

Como se observa, tanto *Fr* como sua variante *EF* parecem ter passe livre para referenciar aspectos sintáticos que não afetam a coerência.

- Terceiro episódio do uso de *EF/Fr*: ver Exemplo 50.

Exemplo 50A (E./par./Anali H./3ª e.m. – T153)/(1ª versão)

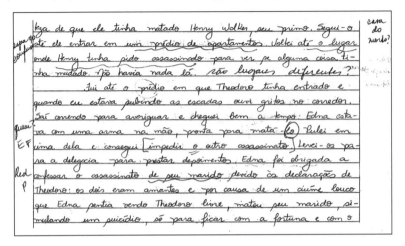

OBS. (1ª versão): Com *EF*, na margem, fala do problema sintático-semântico, causado pelo emprego do artigo definido *o* em *impediu o outro assassinato*, indicado pelos colchetes no corpo.

Exemplo 50B (2ª versão)

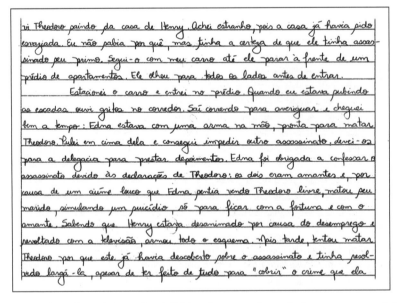

OBS. (2ª versão): Anali suprime o artigo definido *o* da expressão remissiva em *e conseguiu impedir outro assassinato*.

Como se pode notar, este é um caso típico de supergeneralização do símbolo *EF*. Na verdade, o problema em pauta é de coesão: a função anafórica do artigo definido *o* não cabe no trecho (não há, no universo textual, outro elemento a que esse componente de superfície possa fazer remissão). Por que, então, não apontei justamente isso? *EF*, com certeza, diz muito pouco. Mas provavelmente, com ele, minha margem de erro é menor.

Esse uso abusado de *EF* (*Estrutura da Frase*) reflete bem o problema que há nessa classificação: a falta de especificidade do símbolo para fazer referência a aspectos de natureza distinta, colocando, lado a lado, problemas de organização textual do sentido e problemas de mera estruturação frástica. Na dúvida entre falar da forma ou do conteúdo, o professor usa logo *EF* (que fala de ambas as coisas ao mesmo tempo, mas de nenhuma em particular), numa espécie de grande "cartada", já que, na pior das hipóteses, o que pode ocorrer (como se infere da segunda versão do texto de Fábio, no último exemplo) é o aluno precisar de um comentário adicional (escrito ou oral) que lhe permita maiores esclarecimentos.

Levando, pois, em conta essas colocações acerca dos símbolos-curinga do código e, sobretudo, a sua diferença de comportamento em face dos demais signos classificatórios, é possível afirmar que, juntos, eles se contrapõem a todos os outros, estando com estes numa relação de *distribuição complementar* dentro do código, tal qual a que se observou nos sinais indicativos de corpo e de margem.

Porém, se lembrarmos que as indicações que se fazem no corpo são as que justamente reforçam os símbolos classificatórios mais precisos (os que falam de problemas microestruturais), e que as indicações que se fazem na margem são as que subsidiam os símbolos classificatórios mais vagos (os que remetem a problemas macroestruturais), podemos concluir que, na verdade, a *distribuição complementar* observada tanto num estilo interventivo quanto noutro é uma só. Ou seja: o que não pode ser referenciado de forma livre são os problemas textuais (do texto como unidade de sentido – e de análise). Não se pode dizer que haja *variação livre* no emprego das marcações do professor, porque o que as coloca em relação de complementaridade é a natureza linguística dos problemas especificamente textuais. Problemas da frase deixam-se referenciar mais facilmente no corpo e por símbolos precisos; problemas do texto, mais facilmente por indicações na margem e por símbolos vagos. Essa é a grande *distribuição complementar* apontada pelos dados de correção do *corpus* que merece ser destacada. E é (não exclusivamente, mas sobretudo) por causa dela que o professor escreve "bilhetes" textuais-interativos – nosso assunto da próxima seção.

TEXTUAIS-INTERATIVAS: "BILHETES"

Conforme expus no capítulo "A correção (o turno do professor): uma leitura", o "bilhete" é o recurso de intervenção escrita típico daqueles casos em que o professor quer tematizar ou a tarefa de revisão (pelo aluno) ou a sua própria tarefa de correção (como professor). Se ele tematiza a revisão, é para cobrar um trabalho não realizado ou, então, o intuito é parabenizar o trabalho realizado. Se ele tematiza a correção, é para justificá-la ou, então, esclarecê-la.

Já comentei na seção "A correção textual-interativa" cada um desses casos, quando apresento o tipo de correção textual-interativa. Minha intenção, agora, é observar, com maior rigor, aqueles episódios em que o tema do "bilhete" é, particularmente, o(s) problema(s) do texto como um todo.

Como disse, quando o professor se dá conta de que, em função de uma série de fatores (como o nível de conhecimento do aluno, ou o tipo de problema detectado na redação, por exemplo), não basta interferir resolutiva, classificatória ou indicativamente (seja na margem, seja no corpo), ele parte para a produção de um "bilhete".

Segundo pude notar, quando a intervenção textual-interativa tematiza especificamente problemas textuais, ela pode assumir uma dessas duas funções: ou explicitar a própria correção codificada, ou superá-la, vindo a ser uma outra alternativa para ela, falando de problemas que, por extrapolarem o nível microestrutural, não se deixam apontar nem indicativamente no corpo, nem classificatoriamente de forma precisa na margem, pois, embora sejam previstos pelo código classificatório, não são por ele referenciados adequadamente.

Os casos que selecionei a seguir foram agrupados em dois conjuntos. O primeiro (exemplos 51, 52 e 53, a seguir) procura mostrar como os "bilhetes" podem ter esse caráter explicitador dos símbolos do código. E o segundo (exemplos 54 e 55 a seguir) demonstra como podem extrapolá-los, indo além, falando do que o código não dá conta.

Eis o primeiro bloco de exemplos.

- Primeiro caso: ver Exemplo 51.

Exemplo 51A (E./par./Igor C./4º – T85)/(1ª versão)

> O/P arra esquecido o guarda-chuva no caminho
> O/A voltou para pegalo.
> TV/TV A velhinha volta para buscar o guarda-chuva e derruba as coisas de novo.
> Rep/TV A velhinha vai indo embora e deixa o livro no caminho de novo.
> Rep/TV A velhinha teve uma idéia.
> Rep/TV A velhinha larga as coisas no chão e pega
> O uma banana e o livro, em quanto ela lia
> Rep o livro e comia a banana ao mesmo tempo.
>
> Você contou tudo direitinho, mas...
> não repita tanto, e procure
> escrever tudo no passado, como
> você começou o texto, OK?
>
> Tarefa: 2ª versão   Eliana

OBS. (1ª versão): Além de fazer uso dos símbolos *Rep* e *TV*, na margem, falo desses dois problemas escrevendo o "bilhete" no "pós-texto": *Não repita tanto, e procure escrever tudo no passado, como você começou o texto.*

Exemplo 51B (2ª versão)

> A velhinha volta para buscar o guarda-chuva e derruba as coisas no chão de novo. Ela vai indo embora e e deixa o livro no caminho. Ela tem uma idéia, ela larga as coisas no asfalto e pega uma banana e o livro, em quanto ela lia o livro e comia a banana ao mesmo tempo.
> muito bem!

OBS. (2ª versão): Igor substitui todas as formas remissivas focalizadas pela minha correção na margem e no "pós-texto".

Certamente, o que me levou, como professora-corretora, a interferir textual-interativamente além da correção codificada, é a recorrência de ambos os problemas coesivos: o de sequenciação (pela gerenciação inadequada, por Igor, dos tempos verbais ao longo de todo seu texto) e o de referenciação (pela repetição exaustiva de *velhinha*, no trecho). Minha intervenção, neste caso, assume um tom explicativo, de explicitação dos próprios símbolos *Rep* e *TV* usados na margem: *Não repita tanto (Rep), e procure escrever tudo no passado (TV)*.

Em resposta ao meu "bilhete", Igor altera com sucesso as formas coesivas referenciadas de modo codificado na margem. É notável, como consequência, a melhora coesiva de seu texto como um todo.

- Segundo caso: ver Exemplo 52.

Exemplo 52A (E./par./Rogério F./8º – T116)/(1ª versão)

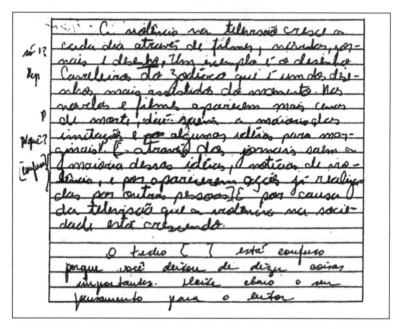

OBS. (1ª versão): Escrevo *confuso*, na margem, demarcando ali com uma chave o mesmo trecho sinalizado por colchetes, no corpo (*E através dos jornais saem a maioria dessas ideias, notícias de violência, e por aparecerem ações já realizadas por outras pessoas*). E acrescento o "bilhete" no "pós-texto".

Exemplo 52B (2ª versão)

[manuscrito]

OBS. (2ª versão): Na forma de "errata", Rogério substitui toda a sequência que havia sido indicada por colchetes.

Em vez de eu utilizar somente a classificação codificada *?*, na margem, para falar da incoerência local, acabo escrevendo por extenso a própria tradução do símbolo *?*, como se ela fosse necessária para a boa interpretação de minha correção por Rogério. E para garantir a indicação, escrevo o "bilhete" no final: *O trecho [ ] está confuso porque você deixou de dizer coisas importantes. Deixe claro o seu pensamento para o leitor.* Aqui, mais uma vez, a intervenção na forma textual-interativa tem função explicitadora da linguagem icônica de teor indicativo, usada na margem.

O efeito da correção é tal, que Rogério faz uma extensa alteração na segunda versão de seu texto, melhorando-o globalmente de forma significativa.

- Terceiro caso: ver Exemplo 53 (2ª versão).

Exemplo 53A (E./par./Rogério F./8º – T111)/(1ª versão)

> Descrição de um personagem.
>
> Seu nome é Quid Bolão. Ele é gordo e consegue retirar sua própria gordura para jogar nos ladrões e aprisionando-os com uma gosma grudenta, na qual se forma de gordura. Sua gordura é macalavel e imortal. Seu único ponto-fraco é a cebola. Cada que ele come cebola, vai ficando mais sensível com dores no corpo e com mais dificuldade de retirar a gordura. Seu maior inimigo é o doutor Cebola.
>
> Bom!
> Super-criativo!
>
> Tarefa: 2ª versão
>
> Eliana
> 10/ab

(anotações à margem: Q, N/EF, EF)

OBS. (1ª versão): A sequência *aprisionando-os com uma gosma grudenta na qual se forma da gordura* parece não chamar a minha atenção neste episódio de correção.

Exemplo 53B (2ª versão, p. 1)

> Descrição de um herói de terceiro mundo
>
> Seu nome é Luiz Balão. Ele é gordo e consegue retirar sua própria gordura para jogar nos ladrões, aprisionando-os [com uma gosma grudenta na qual se forma da gordura.] Sua gordura é maleável, ele é imortal. Seu único ponto fraco é a cebola. Cada vez que ele come cebola, vai ficando mais sensível com dores no corpo e com mais dificuldade de retirar a gordura. Seu maior inimigo é o doutor Cebola.
>
> Observe como fazer a coesão do trecho com o pronome adequado:
>
> (...) com uma gosma grudenta.
>
> A gosma grudenta se forma da gordura
>
> (que / a qual) Pron. (não pode ser (na) qual)
> (não é na gosma que se forma a gordura)
>
> Tarefa: 3ª versão (local)
>
> Aprisiona-os com {uma gosma}
> A gosma se forma da gordura
>
> Aprisiona-os com uma gosma que se forma da gordura.

OBS.: Ver o comentário referente ao Exemplo 53C (2ª versão, p. 2).

Exemplo 53C (2ª versão, p. 1)

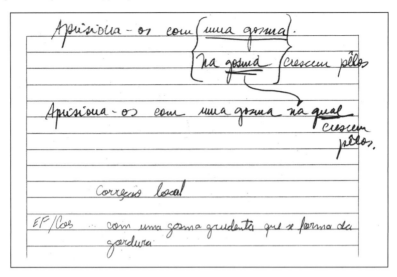

OBS. (2ª versão): Utilizo dois símbolos (*EF* e *Coes*) e um enorme "bilhete", para falar de uma simples estrutura sintática (a mesma para a qual não atentei na 1ª versão).

Meu comportamento ao corrigir essa reescrita de Rogério é bastante interessante: revela que eu não me dei conta de algo, quando li a primeira versão; algo que me incomodou, contudo, na leitura da segunda. Para expressar meu incômodo, na dúvida entre *EF* e *Coes*, utilizo ambos (faço, pois, uma codificação dupla). Entretanto, para tentar superar possíveis lacunas em meu discurso codificado, escrevo um enorme "bilhete" no "pós-texto". Na verdade, uma verdadeira aula de gramática, na qual chego, inclusive, a apontar uma solução para Rogério:

> Observe como fazer a coesão do texto com o pronome adequado: [...] Aprisiona-os com uma gosma. A gosma se forma da gordura. Aprisiona-os com uma gosma que se forma da gordura [...]

Meu objetivo, portanto, é, mais uma vez, esclarecer minha própria correção (o uso de *EF* e *Coes*). Como, entretanto, Rogério não produziu a terceira versão, não sabemos o efeito dessa intervenção de caráter textual-interativo.

Segue, agora, o segundo bloco de exemplos – três episódios que pretendem mostrar como os "bilhetes" são, também, uma tentativa de o professor superar a correção meramente codificada, extrapolando, assim, os limites do próprio código classificatório.

- Primeiro episódio: ver Exemplo 54.

Exemplo 54A (E./par./Fernanda D./5º – T96)/(1ª versão)

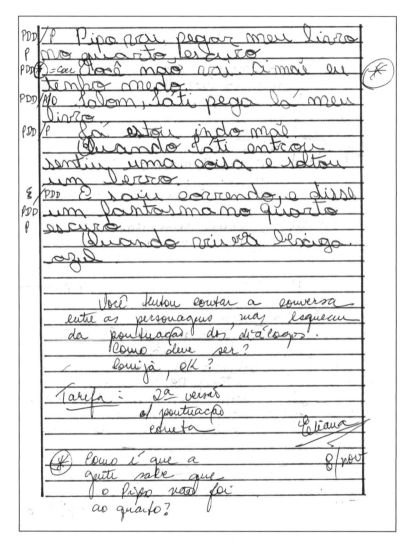

OBS. (1ª versão): Para falar do problema da pontuação do diálogo dos personagens, faço uma série de classificações (*PDD*), na margem, e escrevo um "bilhete" no "pós-texto": um mais geral, que reforça a ocorrência do símbolo *PDD* ao longo de toda a margem, e outro mais específico, que, tentando esclarecer a sinalização *PDD* = Coer*, cobra de Fernanda uma informação que dê coerência ao texto: **Como é que a gente sabe que o Pipo não foi ao quarto?*

Exemplo 54B (2ª versão)

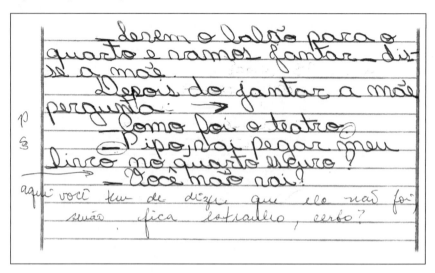

OBS. (2ª versão): Em resposta ao específico símbolo *PDD/P* e ao meu "bilhete" geral, Fernanda pontua adequadamente a sequência *Pipo, vai pegar meu livro no quarto escuro?* Contudo, ao inserir o travessão em *Você não vai?* (demonstrando com isso não ter sabido responder aos símbolos *PDD* = Coer,* que remetiam, por sua vez, ao "bilhete" **Como é que a gente sabe que o Pipo não foi ao quarto?*), Fernanda cria um novo problema de coerência nessa reescrita, já que o trecho diz respeito à fala da mesma personagem (a mãe de Pipo). Por essa razão, escrevo-lhe outro "bilhete": *aqui você tem de dizer que ele não foi, senão fica estranho, certo?* (indicando o lugar da inserção da informação com uma seta).

Exemplo 54C (3ª versão)

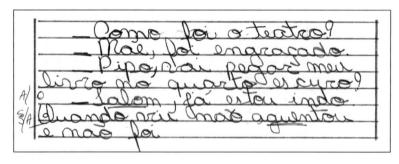

OBS. (3ª versão): Na tentativa de responder ao meu "bilhete" na 2ª versão, nesta nova reescrita Fernanda altera toda a sequência final de seu texto, inserindo *Quando viu não aguentou e não foi.*

Como podemos ver, o primeiro parágrafo do meu "bilhete", na primeira versão, retoma a própria recorrência da correção codificada na margem (*PDD* – "Pontuação do Discurso Direto": *Você esqueceu da pontuação dos diálogos*). É, pois, explicativo. Mas o asterisco (*) e o comentário final (*Como é que a gente sabe que o Pipo não foi ao quarto?*) falam de um aspecto impossível de ser referenciado via indicação no corpo, ou apenas via classificação metalinguística codificada na margem. Não se trata, então, apenas de esclarecer a própria correção, como nos dois casos anteriores, e sim de criar uma alternativa a tais estratégias codificadas.

A revisão de Fernanda (2ª versão) responde adequadamente à questão da pontuação do discurso direto. E, embora meu "bilhete" (*Aqui você tem de dizer que ele não foi, senão fica estranho, certo?*) solicite da aluna uma explicitude ainda maior quanto à informação não dada ao leitor, nota-se que a inserção realizada por Fernanda no final da 3ª versão de seu texto, em forma de "errata" (*Quando viu não aguentou e não foi*), é uma tentativa significativa de dar conta do recado.

- Segundo episódio: ver Exemplo 55.

Exemplo 55A (E./par./Fernando F./2ª e.m. – T126)/(1ª versão)

> Título?   (1ª versão)
>
>   Detetive Freitas fora chamado para resolver o caso de um cientista assassino. Sua única pista era uma agenda onde um líquido fatal era descrito.
>   [Ele vai ao laboratório do cientista criminoso e pede que lhe mostre todos os frascos. Segundo a agenda, o líquido era meio gelatinoso e tinha um gosto irônico, azedo. Freitas recolheu três líquidos que tinham um cheiro muito forte. ✱✱]
>   [Os frascos recolhidos, foram examinados detalhadamente. Mas só conseguiram descobrir o líquido fatal depois deste ser ultilizado em cobaias.] ✱✱✱
>
> ✱ Como ele poderia saber que esse cientista era o criminoso?
>
> ✱✱ Conte em detalhes este trecho da história
>
> ✱✱✱ Por que ele fez isso? Qual foi o raciocínio dele? Este detalhe é super-importante.
>
>   Está indo bem.
>   Só precisa relaxar para não ter medo das idéias que com certeza vão surgir.
>
>   Tarefa = 2ª versão   Eliana
>   29/maio

OBS. (1ª versão): Os asteriscos que faço no corpo, acompanhando os colchetes, assumem a função de referenciar cada uma das observações no "bilhete pós-texto".

Exemplo 55B (2ª versão)

> Título
>
> detetive Freitas fora chamado para resolver o caso de um cientista assassino. Sua única pista era uma agenda onde um líquido fatal era descrito. ✱ *de quem?*
>
> Freitas procurou em seus arquivos por algum criminoso que pudesse ter alguma ligação com o tal líquido e achou um falso cientista preso por ter um laboratório clandestino.
>
> No dia seguinte, quando o detetive foi até a cadeia para fazer o criminoso mostrar-lhe o líquido, ele estava morto. Então Freitas foi ao laboratório e tentou pegar o líquido sozinho. *de quem?*
>
> Chegando lá, encontrou vários frascos diferentes sem nomes. Na agenda estava escrito que o líquido mortal era ~~péssimo~~ e ácido, ele olhou vidro por vidro e recolheu cinco que tinham cheiro estranho.
>
> Os frascos foram detalhadamente examinados, mas só se pôde descobrir o líquido mortal depois de ser testado em cobaias.
>
> — Elaine 31/maio
>
> ✱ Como essa agenda chegou às mãos do ~~detetive~~ *detetive*?
>
> ✱ *péssimo*: o que você quer dizer com isso? Atenção à descrição.
>
> Ficou bom, mas ainda curto demais. Você ainda ~~forçou~~ *economia* para escrever?... *para afiar*
>
> Veja: num vestibular, seu texto ainda necessitaria de reparos com relação à coletânea (*proposta* ~~original~~)
>
> Tarefa: 3ª versão local

OBS. (2ª versão): Fernando faz várias alterações em seu texto. Como, entretanto, elas ainda me parecem insuficientes, produzo um novo e extenso "bilhete".

Aqui nesta primeira versão da redação de Fernando, sequer uso símbolos na margem.[17] Para falar da macroestruturação e da coerência global do texto, a única saída que me parece interessante é escrever "bilhetes" específicos sobre cada trecho assinalado no corpo com asterisco:

*   Como ele poderia saber que esse cientista era o criminoso?
* *   Conte em detalhes este trecho da história.
* * * Por que ele fez isso? Qual foi o raciocínio dele? Este detalhe é superimportante.

O mesmo se dá na segunda versão, quando também reclamo da resistência de Fernando em escrever (*Você anda fazendo economia para escrever?...*). Novamente, o objetivo não é explicitar a utilização de um símbolo qualquer, até porque ele não foi empregado, mas ir além da trivial e impotente correção codificada (icônica ou verbal).

O que a reescrita de Fernando nos mostra, em retorno à minha correção de caráter textual-interativo, é uma impressionante retomada global de todo o texto, com alterações de adição bastante qualitativas, já que respondem satisfatoriamente a cada uma das observações que compõem meu "bilhete". Com exceção do primeiro parágrafo (o único reaproveitado na íntegra), o texto é praticamente todo substituído, e a narrativa, sensivelmente muito mais rica em informações (tal como pede o gênero conto de enigma escolhido pelo aluno), ganha uma notável força expressiva.

- Terceiro episódio: ver Exemplo 56.

Exemplo 56A (E./par./Anali/3ª e.m. – T152)/(1ª versão, p. 1)

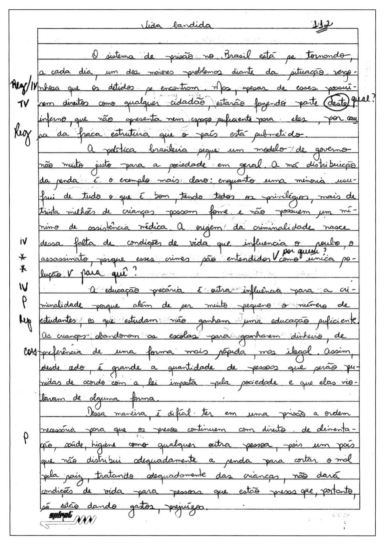

OBS.: Ver o comentário referente ao Exemplo 56B (1ª versão, p. 2).

Exemplo 56B (1ª versão, p. 2)

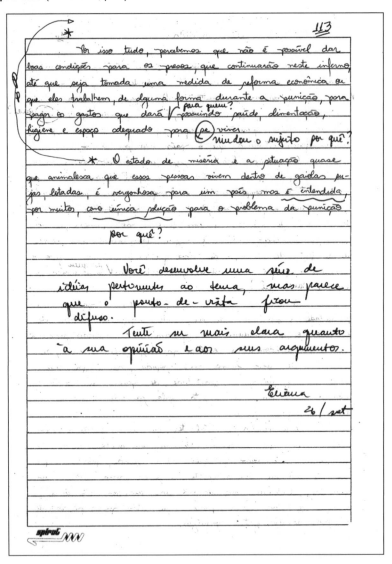

OBS. (1ª versão): Meu "bilhete" reclama da forma pela qual o texto de Anali (uma dissertação) foi estruturado relativamente à proposta temática solicitada: *Você desenvolve uma série de ideias pertinentes ao tema, mas parece que o ponto de vista ficou difuso. Tente ser mais clara quanto à sua opinião e aos seus argumentos.*

Exemplo 56C (2ª versão, p. 1)

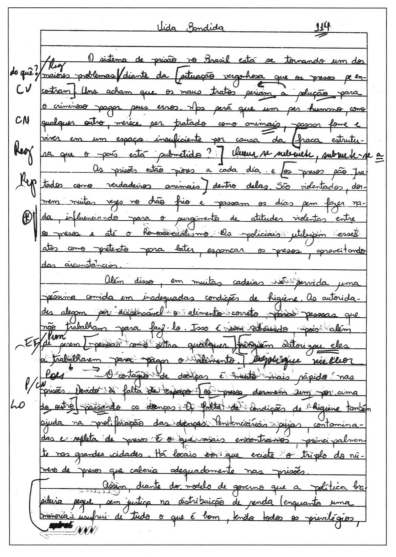

OBS.: Ver o comentário referente ao Exemplo 56D (2ª versão, p. 2).

Exemplo 56D (2ª versão, p. 2)

> período mto longo
> e sl sequenciação
>
> inúmeras pessoas passam fome) fazendo com que seja impossível manter a ordem e condições necessárias de higiene, saúde, alimentação nas prisões, logo os presos continuarão vivendo em gaiolas sujas e lotadas (em situação pior do que animalesca) até que alguma solução seja tomada. Talvez se eles trabalhassem para cobrir os gastos do governo, que teria de realizar uma reforma econômica, amenizasse um pouco esse método agressivo e sub-humano de prisões.
>
> (EF, P, EF)
>
> ② a que mais o ócio leva?
>
> Anali:
>
> achei o texto com muitos problemas evitáveis.
> no caso da dissertação, você precisa estar mais atenta aos problemas de uso da linguagem (gramática, norma culta, estruturação de frases). Procure sempre ler com muito cuidado o que escreve. Certo?
>
> Eliana
> 04/nov

OBS. (2ª versão): Para atender à minha solicitação, Anali altera todo o seu texto.

Observe-se como, neste caso, meu "bilhete" fala tão somente da macroestruturação do texto pela aluna. A intervenção no "pós-texto" aqui se assemelha ao que ocorre no episódio de correção anterior (último exemplo): o que está em questão não são aspectos localizados (até porque esses foram codificados pelos símbolos que aparecem na margem), mas, sim, todo um projeto de texto, que tem de ser revisto, caso a aluna queira de fato melhorar sua produção.[18]

Aceitando minha sugestão de tentar maior clareza, Anali procede a uma reformulação global de todo o material textual, que se inicia já a partir do 1º parágrafo, no qual, após a apresentação do tema geral (o sistema penitenciário brasileiro), faz uso de um recurso comum a introduções dissertativas típicas — uma pergunta que não apenas orienta o leitor quanto ao caminho reflexivo proposto, mas que força o redator a uma tomada de posição ao longo do texto (justamente o que meu "bilhete" reclamava, tendo em vista a proposta de produção dada): *Mas será que um ser humano como qualquer outro, merece ser tratado como animais, passar fome e viver em um espaço insuficiente por causa da fraca estrutura que o país está submetido?*

Assim, um texto que oscilava em torno de considerações acerca das causas sociais da criminalidade (2º e 3º parágrafos da 1ª versão) e do tratamento que se dá aos prisioneiros no país (4º e 5º parágrafos da 1ª versão) — e que, embora esboçasse uma tomada de posição (último parágrafo), não a tornava decorrente do encaminhamento dado ao tema ao longo do desenvolvimento (daí o adjetivo *difuso*, atribuído por mim ao ponto de vista) — passa a ser inteiramente centrado na questão das condições de vida nas penitenciárias brasileiras. Além da reformulação da introdução, já mencionada, tanto o 2º como o 3º parágrafos dessa reescrita são trechos novos (que falam, respectivamente, da promiscuidade e da má alimentação, não abordadas na 1ª versão), já que Anali decidiu eliminar a escrita anterior desses mesmos parágrafos. Afora isso, o último parágrafo da 2ª versão não apenas incorpora os dados que estavam no 2º e no 3º parágrafos originais (parafraseando, de forma resumida, as ideias sobre a má distribuição de renda), como também expressa de forma mais consistente o ponto de vista da aluna (de que somente uma mudança estrutural sociopolítico-econômica vai permitir uma mudança conjuntural no sistema carcerário brasileiro).

O resultado, por certo, é um outro texto, muito mais coeso sequencialmente, com uma progressão temática bem mais definida, mais persuasivo e, portanto, qualitativamente melhor. E isso porque a revisão que Anali faz em sua redação não se esgota em alterações específicas de adição, supressão, substituição ou deslocamento: há uma retomada global de todo o texto em sua unidade, tal qual solicitava minha correção textual-interativa.

Vale, ainda, ressaltar que não se escrevem, com frequência, "bilhetes" para casos de problemas tipicamente locais, como *Acentuação* ou *Ortografia*, por exemplo. "Bilhetes" que focalizam problemas desse gênero só ocorrem em casos específicos de grande reincidência de tais problemas e, muitas vezes, com um intuito resolutivo, em face da previsível dificuldade do aluno em proceder à revisão. Além disso, é preciso frisar que a grande maioria de correções textuais-interativas encontradas no *corpus* não são nem reforços positivos nem negativos quanto à tarefa de revisão em si, mas ocorrem quando esses problemas são de ordem textual.

Eu já havia mencionado, na seção "A correção textual-interativa" que os "bilhetes" se dividem em duas categorias: os que remetem a problemas superficiais e os que remetem a problemas profundos do texto.

Com a apresentação que aqui venho fazendo desde o capítulo "A correção (o turno do professor): uma leitura", já deve ter ficado claro que, para o professor falar daqueles problemas tipicamente *formais*, para cuja solução são suficientes apenas alterações revisivas de superfície, basta ele fazer uso do código classificatório, pois os símbolos que remetem a problemas dessa ordem, como já apontei, são claros, objetivos, precisos. Os "bilhetes", portanto, que tematizarem aspectos linguísticos *formais* do texto do aluno só fazem sentido em contextos bem particulares, onde tais aspectos chamam a atenção pela repetição, pela recorrência sistemática ao longo de todo o texto. Daí sua raridade no conjunto de redações analisadas.

Em contrapartida, os exemplos que acabo de apresentar mostram que, para o professor fazer referência a problemas que remetem à relação *forma/conteúdo*, cuja solução demanda alterações de revisão não tão superficiais e até mesmo profundas (já que envolvem toda uma cadeia de relações ao longo do texto), e para cuja referência o código se mostra incipiente, insuficiente e, portanto, impróprio, tornam-se necessárias formas de expressão de outra natureza: "bilhetes". Como a maioria dos alunos tem problemas nesse nível textual global, a maior parte dos "bilhetes" do *corpus* consiste, pois, de correções que tematizam aspectos dessa natureza.

Logo, posso dizer que essa inviabilidade de se fazer referência codificada a problemas da ordem do texto se configura, nos dados analisados, por essas duas estratégias criadas pelo professor: a utilização de uma intervenção codificada "dupla" (uso de mais um símbolo-reforço ao lado de outro já empregado), e/ou a produção de um "bilhete" textual-interativo (seja como reforço a um símbolo já empregado, seja como recurso extra de intervenção, dada a impossibilidade de se proceder à codificação). Ou seja, se o professor não recorre ao próprio código para se fazer entender, então é no discurso natural do cotidiano (e não no artificial, condensado, codificado, da correção) que ele vai buscar a forma de parecer mais explícito ao aluno.

Ora, o sentido de um texto, qualquer que seja a situação comunicativa, não depende tão somente da estruturação textual em si mesma. Logo, se entendermos as marcações que o professor faz na redação do aluno como um *texto*, veremos que também neste o sentido não está apenas na forma da expressão, nos símbolos de correção empregados. Todo o contexto aí envolvido deve ser considerado para a construção do sentido pretendido pelo professor: os próprios problemas de redação tematizados, o nível de conhecimento linguístico do aluno, a convenção estabelecida entre professor e aluno acerca do próprio código em uso (o conhecimento metalinguístico partilhado) etc. Visto que não podem existir textos totalmente explícitos, o produtor de um texto (e, a seu turno, o professor) precisa (tanto quanto o aluno) proceder a um ajuste do que necessita ser explicitado textualmente e do que pode permanecer implícito, por ser recuperável via inferenciação (Nystrand e Wiemelt, 1991). Como diz Koch (1997: 34), "na verdade é este o grande segredo do locutor competente".

Logo, é a busca de uma maior competência comunicativa por parte do professor que pode justificar a maioria de suas explicitações de correção via intervenção dupla ou via "bilhetes".

Um texto será explícito não quando o que é dito coincide com o que o produtor pretende significar, mas quando o que é dito consegue estabelecer um balanceamento adequado entre o que necessita ser dito e o que pode ser presumido como partilhado (Koch, 1997).

O professor sabe que o código de correção é, pela própria natureza, limitado em termos de significação. Na verdade, o código (principalmente o classificatório, no qual se usam abreviações) é – digamos – uma forma "condensada" de linguagem, por isso mesmo extremamente carregada de implícitos; implícitos estes de várias ordens, uma vez que remetem a conhecimentos de estatuto diverso: linguístico, superestrutural (de gêneros textuais), estilístico (de registros e variedades de língua), intertextual (de outros textos), enciclopédico (modelos, *frames* e conhecimento da situação comunicativa e de suas "regras") (Heinemann e Viehweger, 1991, apud Koch, 1997: 26-28).

O professor sabe também (ainda que intuitivamente) que, em muitos casos, dentro do rol de signos do código de correção, há aqueles de significação mais explícita (cujo referente está expresso no texto do aluno) e aqueles de significação mais implícita (cujo referente não está expresso na materialidade linguística da redação do estudante). Estes últimos, diferentemente dos primeiros, vão exigir do aluno todo um cálculo de sentido, para identificar qual é o elemento (o *designatum*), no mundo textual, para o qual ele aponta, fazendo referência.

Os de significação explícita, conforme salientei, são os que se fazem acompanhar, na sua grande maioria, de sinais indicativos no corpo do texto do aluno. São, pois, os símbolos que aqui venho chamando de precisos (por não provocarem nem hesitação do professor, ao corrigir, nem maiores dúvidas do aluno, ao revisar), e que dizem respeito a problemas locais de produção, relacionados a fenômenos linguísticos tipicamente microestruturais, que se enquadram no nível da frase, a saber: os de convenção escrita, os de norma culta, os de léxico, e os de estruturação morfossintático-semântica, conforme aludi.

Os símbolos de significação implícita, contrariamente, são os que quase sempre não se permitem reforçar por indicações no corpo do texto (nesse caso, as indicações típicas que os acompanham ocorrem, em geral, na margem). Tais símbolos, mais vagos, como disse, demandam um esforço referencial maior do professor, para se fazer entender (uso de símbolos-reforço ou "bilhetes"), pois remetem a problemas globais de produção, que têm a ver com fenômenos linguísticos macroestruturais, típicos do texto como unidade: são os de organização textual.

Os símbolos de significação explícita não exigem balanceamento algum por parte do professor, que ao empregar um *d* (*Parágrafo*), ou um *P* (*Pontuação*), por exemplo, sente que tudo pode ser partilhado com o aluno, naquele momento. Nada mais precisa ser explicitado num símbolo preciso como *d*, cuja significação ou é *Mude de parágrafo*, ou é *Não mude de parágrafo*. A única coisa pressuposta no primeiro caso é aquilo que a própria leitura do texto do aluno já diz: *Você não mudou de parágrafo*; enquanto, do mesmo modo, o único pressuposto, no segundo, é *Você mudou de parágrafo*. Basta a leitura do original, da 1ª versão, pelo aluno, para se saber de qual dos casos se trata. Da mesma forma, nada precisa ser explicitado num *P*, que significa *Mude a pontuação*. Muito embora em relação a *d* o leque de possibilidades de *P* seja maior, elas ainda podem ser gerenciadas com tranquilidade, porque são, igualmente, previsíveis. Se o pressuposto em *P* é *Você usou a pontuação inadequada*, o que o aluno tem diante de si, com um *P*, é: ou *Pontue*, ou *Não pontue*, ou, ainda, *Troque o sinal de pontuação*. Enquanto *Pontue* pressupõe *Você não pontuou*, e *Não pontue*, ao contrário, pressupõe *Você pontuou*, *Pontue diferente* pressupõe *Você usou o sinal de pontuação inadequado*. Novamente, a volta ao texto original é que dará a chave da resposta, para o aluno saber em qual caso se encaixa a correção e, assim, a revisão.

Em contrapartida, os símbolos de significação implícita demandam um enorme trabalho de balanceamento, pelo professor, que, ao contrário dos casos citados, entende que nada (ou muito pouco) pode ser partilhado com o aluno no momento de utilização desses símbolos. A começar, a própria significação de um *Seq (Sequenciação)*, por exemplo, é complexa e, por essa razão, de ordem diversa da dos símbolos recém-apontados. O que significa *Seq*? Talvez *Você usou uma* (observe que é *uma* e não *a*) *sequenciação inadequada*. E o que isso pode querer dizer? *Faça sequenciação*? *Não faça sequenciação*? *Troque a sequenciação*? Por certo, não se trata de "fazer" ou "não fazer" sequenciação, até porque esse é um traço necessariamente presente no texto, e não cabe ao aluno decidir pelo seu "uso" ou "não uso". Logo, se *Seq* só pode significar *Mude a sequenciação que você fez*, ou *Trabalhe a sequenciação*, ainda fica a dúvida: de que sequência o professor está falando? De alguma específica ou de todo o texto? Mesmo que o professor a indique (no corpo, ou na margem), ainda permanece o problema: *o que foi que eu fiz de errado, exatamente? Devo mudar pelo quê? Trocar, alterar a sequência apontada por qual outra? Devo mexer em tudo ou só numa parte?* São tantas as possibilidades...

Dentro da significação mais geral que qualquer um dos símbolos do código pode ter, como *Faça diferente do que você fez*, o *Faça diferente* dos símbolos de significação explícita diverge do *Faça diferente* dos símbolos de significação implícita.

No caso dos símbolos de significação explícita, *Faça diferente* aponta para um leque de possibilidades muito restrito, normalmente duas (*Se fez, não faça*; *Se não fez, faça*; e *Se fez dessa forma, faça de outra* – como é o caso do citado *P*, por exemplo).

Já em se tratando de símbolos de significação implícita, esse leque de possibilidade abre-se de tal maneira, que o *Faça diferente* pode significar muitas coisas. O que significa "fazer diferente" no caso de um *Coer (Coerência)*, por exemplo? As alternativas são muitas – conforme mostrei na seção "? (Confuso)/ Coer (Coerência)" – e esse é o ponto.

A diferença, pois, que se pode postular entre esses dois grupos de símbolos do código é o grau de explicitude que carregam consigo. Como a explicitude deve ser avaliada em termos da reciprocidade entre produtor e leitor/ouvinte tal como mediada pelo texto (Nystrand e Wiemelt, 1991), pode-se dizer que os significados que devem ser tornados explícitos pelo professor, ao proceder a uma correção codificada, dependem, em larga escala, do uso que ele vier a fazer dos fatores de contexto em jogo (modelos cognitivos-contextuais – conforme van Dijk, 1995).

A questão principal que se coloca para nós diante disso é, portanto, saber qual é o projeto de dizer do professor-corretor. É resolver os problemas do texto para o aluno (resolutiva)? É apontá-los (indicativa)? É classificá-los (classificatória)? Ou tudo isso? Afinal, qual é o objetivo do professor que corrige redações? É interagir com o modo de dizer do aluno? É interagir com o dizer do aluno? Ou com ambas as coisas (textual-interativa)?

Dependendo da postura do professor quanto àquilo que ele julga ser seu papel, uma ou outra resposta será dada a essas questões vitais para o trabalho docente de quem mexe com ensino da língua.

Se o alvo do professor forem as estratégias de dizer do aluno, um será seu projeto de dizer, ao passo que, se no seu horizonte estiver o dizer do aluno, outro será tal projeto.

Dado que todo o texto é um conjunto de pistas, de marcas, de sinalizações deixadas pelo produtor para que o interpretador, via mobilização contextual e cotextual, chegue ao sentido por ele pretendido (Koch, 1997: 26), posso afirmar que os sinais de correção empregados pelo professor são as marcas que ele deixa, para o aluno (e para nós, pesquisadores), do seu projeto de dizer.

Se o professor só apresenta soluções para o aluno, as resoluções nada mais são do que pistas de que o seu objetivo era executar a revisão pelo aluno. Consequentemente, um aluno que encontrar pela frente só correções resolutivas por certo entenderá que o macroato de fala do professor foi *Resolva esse problema assim (porque é assim que se resolve)*.

Se o professor aponta, mostra ou indica, de modo codificado (sem resolver nem classificar) os problemas do texto, suas indicações serão pistas precisas de que sua intenção era dizer onde eles se localizam no texto. E o aluno que deparar com correções indicativas interpretará a macroproposição do professor como *Ache o problema que eu disse onde está e resolva-o*.

Se o professor tipifica, categoriza, classifica de forma codificada os problemas do texto para o aluno (sem resolvê-los nem indicá-los), as classificações que fizer soarão como pistas de que sua meta era dar-lhes um nome, segundo um certo tipo de categorização. Assim, diante de correções classificatórias, o aluno processará o macroato de fala do professor como sendo *Ache onde está o problema que eu disse qual é e resolva-o*.

E, por último, se o professor resolve e/ou aponta e/ou classifica os problemas encontrados no texto, porém não através de código, mas de modo textual-interativo, sua fala apresentar-se-á ao aluno como algo do tipo *Reflita sobre o que você disse e sobre como disse e apresente uma alternativa*.

Sem dúvida, projetos de correção monológicos (resoluções) orientam-se por uma concepção de linguagem e de escrita bem diversa da de projetos dialógicos (indicações, classificações e "bilhetes"). É disso que tratarei na próxima seção.

Problemas da frase e problemas do texto

Vimos, pois, como o comportamento interventivo do professor-corretor, que deixa marcas escritas na folha de redação do aluno, está condicionado ao seu projeto de dizer. E como este é reflexo de sua concepção de educação, de linguagem e de ensino da escrita.

Segundo foi possível mostrar, o tipo de problema apresentado pelo texto do aluno é fator determinante tanto do modo pelo qual o professor o corrige, como do modo como o aluno o reescreve.

Enfatizo: quanto mais local, ou seja, mais no nível microestrutural e superficial do texto está situado o problema detectado pelo professor – ou seja, mais no nível da *frase* –, maior a probabilidade de este fazer indicações (no corpo ou na margem) como suporte para a correção codificada. E, consequentemente, mais claro o símbolo metalinguístico empregado para classificar o problema.

Em contrapartida, quanto mais global, mais no nível macroestrutural e profundo do texto se encontra o problema – ou seja, mais no nível do *texto* –, menos o suporte indicativo é passível de ocorrer (seja no corpo ou na margem) e mais vago é o sinal classificatório, razão pela qual aparece ou uma codificação dupla, ou "bilhetes".

Essa maior clareza para falar de problemas microestruturais e menor clareza para falar de problemas macroestruturais apontam para um aspecto fundamental da correção codificada, que tem a ver com a própria forma com a qual ela se dá.

O código a partir do qual ela se constitui opera com um conjunto de signos que remetem à própria linguagem; é, pois uma metalinguagem. Dado que os fatos de linguagem, em sua dimensão cognitiva, sociointeracional e textual, são plurais, os signos que constituem o código classificatório são, por essa razão, de diversos tipos. Como se mostrou, há os que remetem à norma culta, os que remetem às convenções de uso da modalidade escrita, os que remetem à estrutura frasal, propriamente dita, ou boa formação gramatical, os que remetem ao léxico e os que remetem à coesão e à coerência textuais, ou seja, ao discurso.

Poderíamos dizer que o código metalinguístico empregado na correção está sujeito, como a língua, aos mesmos imperativos do problema geral da significação linguística, para cuja resolução os linguistas vêm esboçando tentativas, na forma de modelos teóricos os mais variados. Utilizando uma nomenclatura bakhtiniana, eu diria que o código de correção, justamente pelo seu estatuto de linguagem, tem por propriedade básica e fundamental a tensão entre o *tema* e a *significação* – característicos do sentido. Diz Bakhtin:

> [...] Vamos chamar o sentido da enunciação completa como o seu *tema*. [...] o tema da enunciação é determinado não só pelas formas linguísticas que entram na composição (as palavras, as formas morfológicas ou sintáticas, os sons, as entoações), mas igualmente pelos elemen-

tos não verbais da situação. [...] Além do tema, ou, mais exatamente, no interior dele, a enunciação é igualmente dotada de uma *significação*. Por significação, diferentemente do tema, entendemos os elementos da enunciação que são reiteráveis e idênticos cada vez que são repetidos.[19]

Isso me permite afirmar que os símbolos metalinguísticos do código classificatório que fazem referência a problemas que aqui venho chamando de locais – os relacionados a convenções (escrita/norma culta), ou a regras (estrutura gramatical) – são elementos que contam com uma *compreensão responsiva* do aluno orientada mais para um *estágio inferior da capacidade de significar* do próprio código (Bakhtin, 1981a: 131), ou seja, mais para a sua *significação* que para o seu *tema*. Isto quer dizer que a investigação de sua significação pelo aluno, como elemento linguístico a ser compreendido dentro do contexto geral dos sinais empregados pelo professor, tende mais para o sistema da língua – neste caso o próprio código – ou, em outros termos, tende mais para a investigação do símbolo como palavra dicionarizada do que para a significação contextual que possa ter esse símbolo nas condições em que foi enunciado.

Já os sinais que remetem a problemas globais, de coesão e de coerência, são, ao contrário, elementos orientados mais para o *tema* do que para a *significação*, pois são mais maleáveis, mais plásticos e mais livres que os demais do código. Tendem, assim, para o *estágio superior da capacidade de significar* do próprio código, pois a sua investigação pelo aluno é uma investigação da significação contextual que ele tem nas condições de enunciação concretas que constituem aquele texto específico (a redação). Como tal, essas formas realizam-se mais como a categoria de *enunciado*, proposta pelo autor, enquanto aquelas mais como a categoria de *oração*:

> As fronteiras do enunciado concreto, compreendido como uma unidade da comunicação verbal, são determinadas pela *alternância dos sujeitos falantes*, ou seja, pela alternância dos locutores. [...] as fronteiras da oração (unidade da língua) nunca são marcadas pela alternância dos sujeitos falantes que, se enquadrassem a oração em suas duas extremidades, a converteriam num enunciado.
>
> [...] As pessoas não trocam orações, assim como não trocam palavras (numa acepção rigorosamente linguística), ou combinações de palavras, trocam enunciados constituídos com a ajuda de unidades da língua – palavras, combinações de palavras, orações [...].[20]

Assim, por serem típicos de uma utilização mais *temática* pelo professor, os símbolos referentes à macroestruturação do texto (decorrentes de correções-*enunciado*) não se deixam estabilizar tanto quanto os demais, em termos de significação. São, assim, de significação mais aberta, demandando uma participação do *outro* – o aluno – num grau mais acentuado, ao passo que os referentes à microestruturação do texto (decorrentes de correções-*oração*) se fecham em significações mais consolidadas e mais ou menos fixas, nas quais o papel do *outro* é minimizado quase que ao extremo.

É claro que, por princípio, qualquer símbolo empregado pelo professor pode ser tomado como um *todo*, que funciona como um *enunciado*, no sentido de que implica uma atitude responsiva do aluno. O professor só faz marcas no texto porque espera que o aluno reaja a elas, refazendo seu texto. Porém, há de se reconhecer que, internamente ao código, há aqueles sinais cujo comportamento se enquadra mais de acordo com uma categoria que outra.

Acredito, entretanto, que, embora sejam mais trabalhosas para o professor, e mais difíceis de serem compreendidas pelo aluno, as correções *temáticas* são mais produtivas que as demais, pois quanto mais distante do corpo, mais na margem, se fizer a sinalização (correção-*tema*) e mais problemática for a tarefa de revisão para o aluno, mais importância terá o problema no contexto geral da redação. Já, ao contrário – e como apontei –, quanto mais no corpo estiver o sinal que identifica o problema (correção-*significação*) e mais tranquila parecer ao aluno a revisão, menos importante será esse problema no contexto geral da redação.

Estou entendendo importância tendo em vista a noção de coerência; portanto, em termos do grau de gravidade do problema: um acento gráfico omitido numa forma verbal como *é*, por exemplo (*e*), tem, em geral, bem menos efeito no cálculo de sentido pelo leitor que uma referência malconstruída, por exemplo, ou uma progressão temática pouco trabalhada.

Posso reforçar ainda mais esse traçado da diferença entre correções-*tema* e correções-*significação*, tomando a questão por outro ângulo: a partir da noção de *higienização* tratada por Jesus (1995) em seu trabalho sobre reescrita de textos escolares. Segundo essa pesquisadora, certas práticas escolares de abordagem da produção escrita configuram um enfoque que se poderia chamar de "higienização" do texto do aluno.

Ora, o que são as correções-significação senão solicitações de varredura textual? E o que são as operações de revisão que atendem a essas correções senão recursos de profilaxia, remédios para se curarem os "males" do texto?

Sendo assim, por focalizarem aspectos que fogem a um controle tanto da forma de correção como da forma de revisão, as intervenções que não se limitam apenas a uma *higienização* da produção são as *temáticas*, ou seja, as que atentam para problemas de organização textual global.

Segundo nos mostram os dados aqui analisados, são correções desse tipo que levam a uma reescrita de maior qualidade, isto é, a uma maior *textualidade* das produções finais dos alunos (produtos-textos acabados, dados a público), não as demais. Portanto, se confirma, assim, minha hipótese inicial, mencionada na Introdução deste livro.

Como demonstrei, existe dificuldade na tarefa de revisão. Ora, a *análise linguística* não é outra coisa senão um trabalho do sujeito. E todo trabalho, pela própria natureza, exige esforço (é movimento). Esforçar-se por compreender (ler) ou re/dizer (escrever) o texto do outro (ou o próprio) de muitas formas diferentes é uma tarefa *trabalhosa*, sim, por isso pode parecer "difícil" para quem a executa. Mas é justamente esse trabalho que vai levar o sujeito a fazer o esforço necessário para sair do lugar, da provável inércia comunicativa de seu texto, pois é nesse movimento de voltar para o próprio texto (relendo-o) e de refazer o próprio texto (reescrevendo-o), que o sujeito dará o passo acertado na direção de um novo lugar, um lugar que lhe garantirá o cumprimento do propósito primeiro de sua escrita: a interação.

Quando o sujeito realiza o trabalho de *análise linguística*, sabemos, ele opera sobre a materialidade textual, ou seja, manipula elementos de superfície, até mesmo porque a *forma* linguística, que estrutura a própria linguagem, é o recurso disponível para se chegar ao *sentido*.

Se observarmos a atividade epilinguística que produtores mais experientes realizam com seus textos (escritores, redatores, jornalistas, editores e revisores) veremos que eles mexem na forma, sim, mas o fazem porque muitas vezes querem mexer no conteúdo. Em outras palavras: trabalham a superfície porque visam às profundezas do texto. Ou, ainda, alteram as formas de dizer para garantir o próprio dizer. As tentativas são, pois, todas de dar sentido ao que se escreve, de garantir que o outro compreenda aquilo que se diz, de estabelecer coerência ao texto, de interagir, em última instância.

Ora, o que isso nos diz? Que, se é assim na vida, não há por que na escola as coisas tomarem um rumo diferente. Transpondo isso para o nosso contexto: se as alterações de superfície só valem se servem às mais profundas, não há por que fazer o aluno se voltar apenas para elas.

Logo, por que não lhe mostrar que, ao mexer com elas (ou pelo menos com a maioria delas), mexe-se, muitas vezes, com todo o texto? Por que não fazer nosso aluno ver que, muito embora seja possível se dizer a mesma coisa de muitas formas, há pequenas (e, às vezes, grandes) diferenças de sentido em cada coisa que se diz, diferenças devidas a diferentes condições de uso da própria língua?

É claro que ocupar as aulas de *análise linguística* com assuntos dessa natureza implicaria relegar para segundo plano muitas das atividades gramaticais que tradicionalmente têm constituído a tônica do ensino da língua – principalmente as tão conhecidas análise morfológica e análise sintática (até no máximo, o período composto). Mas, se isso não for feito, como, então (pensando agora no contexto específico deste trabalho), garantir *performances* de produção diferenciadas das higienizações de J. Vicente (Exemplo 27), Gerson (Exemplo 31) e Giovanni (Exemplo 47) aqui apresentadas?

Logicamente, como demonstrei, tais *performances* (reescritas de textos anteriormente produzidos) respondem a interferências de outros leitores que não seus próprios autores (as correções dos professores). E como quem arma a clave dá o tom da música, é de se esperar que se outra fosse a postura do professor diante do texto, outras seriam as suas preocupações; logo, se outra fosse a sua "pergunta", consequentemente, outra seria a resposta do aluno.

Um professor que considere a redação do aluno uma interlocução verdadeira, reagirá ao texto como um *leitor*, mesmo sendo ele um leitor diferenciado, como já mencionei. Olhará, pois, para o texto do aluno como um *todo*. E, mesmo que não deixe de lado os prováveis probleminhas localizados (de concordância, de acentuação, de ortografia etc.), estará preocupado, muito mais, com o recado dado por esse aluno, com o que ele tem para dizer, e com o que ele conseguiu veicular com as formas que utilizou; enfim, se ocupará prioritariamente da *coerência global* da redação, da sua *macroestruturação*, da sua organização como *texto*. Isso o fará se ocupar, por exemplo (Koch e Travaglia, 1990: 84), de fazer o aluno ver se o seu texto não tem *lacunas* a serem preenchidas (explicitações), se o receptor do texto terá, a partir dos elementos textuais de superfície, condições de fazer as inferências necessárias para relacionar os elementos do texto, criando um mundo textual e estabelecendo a *unidade de sentido* que dá a sua coerência. Isso o levará a exigir do aluno cuidado com todas as referências presentes no texto (coesão referencial), bem como com todas as pressuposições nele presentes que exigem um conhecimento prévio de outros textos (intertextualidade). E a exigir, também, muita atenção no gerenciamento da relação entre as informações já dadas no texto e as informações a serem dadas (tratamento dado/novo; coesão sequencial). Isso irá levá-lo, ainda, a cobrar o domínio, naquele texto, dos recursos linguísticos utilizados, mostrando, por exemplo, que certas incoerências locais podem estar sendo devidas a um desconhecimento, de parte do aluno, do valor de uso de certos termos, ou de certas construções.

Todas as recomendações técnicas que o professor vier a fazer em função de um posicionamento desse tipo não cabem, por certo, num código estanque de símbolos de correção. Exigem muito mais que uma locução fechada e assimétrica, como a que se efetiva por meio dos símbolos das correções-*oração* apontados, voltados para o domínio de regras rígidas (que o aluno desconhece e que são de domínio do professor e/ou da gramática). Requerem, antes, uma interação aberta, simétrica, em que professor e aluno estejam no mesmo plano de igualdade (interlocutores), sendo, assim, correções-*enunciado*, nas quais não há como haver controle nem da pergunta do professor, nem da resposta do aluno, já que são muitas as possibilidades.

Enquanto correções no estilo dos Exemplos 19, 20, 23, 27 e 47 citados restringem-se a aspectos de superfície, tratando-os de uma forma desarticulada, como se cada "erro" localizado fosse destituído de valor na cadeia de significação do texto, e como se uma *análise linguística* imanente dos problemas bastasse, correções no estilo dos Exemplos 24, 32, 51, 52 e 55 mencionados cobram um passo além da higienização, pois induzem a uma *análise linguística* que se estende para fora do âmbito da base sintático-semântica do texto, em seus aspectos de coesão e coerência.

Como decorrência, enquanto J. Vicente (Exemplo 27) dá um acabamento à segunda versão de seu texto voltado exclusivamente para pequenas "anomalias" localizadas (atitude de limpeza que não distancia tanto o texto reescrito do seu original), Igor (Exemplo 51), Rogério (Exemplo 52), Fernanda (Exemplo 54) e Fernando (Exemplo 55) avançam nas alterações que promovem na reescrita de suas produções, ao retomarem seu discurso original pelo uso de formas alternativas – superando, assim, as próprias expectativas de sua professora. Mais que alterar apenas a forma de dizer, eles acabam alterando o próprio dizer de seus textos – logo, seu próprio discurso, sua própria interação com o leitor virtual de seus textos. Isso porque, ao tentarem responder às correções-tema de suas professoras, eles são levados a mexer na coerência de seu texto, a explicitar coisas, deixando-os com menos lacunas (*gaps*), mais explícitos, mais legíveis, mais compreensíveis.

Portanto, não me parece exagero postular que retextualizações do tipo revisão pós-correção, como as aqui tematizadas, não estão na dependência apenas da maturidade linguística do aluno, mas também da maturidade linguística do professor. Longe de querer afirmar uma passividade por parte do aluno retextualizador, há que se reconhecer (por conta da análise dos dados) a importância da mediação do professor requerente.

Logo, se por um lado o processo se dá nos limites da capacidade do aluno, por outro também se dá nos limites da capacidade do professor. Como falante nativo da língua, mesmo, mas, igualmente, como estudioso da linguagem – que, espera-se, ele seja. Desta maneira, fica difícil estabelecer parâmetros claros que nos permitam visualizar até onde vai uma atuação e onde começa outra.

Seja como for, é certo que as intermediações via correção envolvem um domínio da língua, uma sensibilização para os fatos de linguagem, de um modo geral, por parte do professor, mas envolvem, igualmente, um domínio da metalinguagem que lhe possibilitará falar desses mesmos fatos de um modo um pouco mais sofisticado que aquele utilizado por falantes leigos, para realizar a intermediação esperada.

Se o conhecimento que o professor tiver da língua ou da metalinguagem estiver permeado por uma concepção formalista, voltada para aspectos de sistema e de estrutura linguística, com certeza seu texto corretivo tematizará esses aspectos em detrimento de outros. E muito provavelmente se constituirá numa "requisição" que não ultrapassará o nível das operações de *substituição* e *reorganização de natureza morfossintática*.

Já se os conhecimentos linguísticos e metalinguísticos do professor se orientarem por uma concepção sociointeracionista de linguagem, por certo, seu discurso corretivo tematizará justamente os aspectos relacionados à interação e, portanto, à relação forma-conteúdo – não apenas à forma, como no primeiro caso. Aí valerá como uma "requisição" que chegará até às operações de *acréscimo informacional, substituição lexical, reordenação estilística* e *redistribuição dos tópicos discursivos*.

Obviamente, por consequência, as retextualizações que vierem a se realizar em decorrência do primeiro tipo de concepção incidirão sobre aspectos superficiais de simples limpeza epidérmica do texto, "disciplinando-o" no sentido de dar-lhe uma aparência cosmética mínima de escrita formatada segundo os padrões ditados pela gramática.

Contrariamente, retextualizações a propósito do segundo tipo de concepção não se aterão àquilo que diz respeito à "depuração" formal do texto; muito mais do que isso, incidirão sobre a própria relação do autor com o texto de origem (iluminada pelas interferências de um outro leitor desse mesmo texto), ou seja, sobre a relação mesma do autor com o leitor virtual (o interlocutor), via texto.

Digamos de um outro modo. Quando o aluno é levado a uma mera assepsia do texto, ele é, na verdade, levado a separar forma/conteúdo, para poder operar sobre as formas do dizer. Só que, uma vez que a importância sobre tais formas passa a adquirir um grau exageradamente grande, há uma espécie de alienação desse aluno para com o conteúdo expresso por essas mesmas formas. De modo que as retextualizações, neste caso, parecem não implicar necessariamente uma leitura do texto, ou uma interpretação.

Agora, quando a leitura que o professor faz do texto do aluno tematiza também e sobretudo o dizer desse aluno, e não somente as formas de dizer, ela põe a descoberto a compreensão desse dizer (pelo professor ou por qualquer outro leitor), ou seja, a coerência global do texto. Daí as retextualizações implicarem uma efetiva leitura do texto, verdadeira retomada das relações entre as formas de dizer e o próprio dizer.

Explicam-se, pois, as diferenças de qualidade textual entre o primeiro e o segundo caso.

Não se trata de defender aqui o uso apenas de correções textuais-interativas em detrimento de correções codificadas. É preciso ficar claro que, muito embora eu tenha demonstrado que aquelas conduzem a alterações de refacção mais produtivas que estas, há problemas que não demandam "bilhetes" e cuja referenciação, via correção, pode perfeitamente se dar de modo indicativo ou codificado, como vimos. Afinal, um texto pode conter problemas de várias categorias.

A questão é que certos problemas de produção (os de organização textual global, os macroestruturais, de coesão, de coerência), como demonstrado, não se permitem referenciar, na correção, apenas de modo indicativo ou codificado: justamente porque só podem ser apontados por símbolos vagos, imprecisos, é que pedem algo além dos demais problemas (símbolos adicionais, que lhes reforcem a remissão, ou "bilhetes", que os esclareçam). Prova disso, como apontei, são tanto os reforços codificados (correções duplas), como os reforços não codificados ("bilhetes" explicitadores de símbolos).

A propriedade ou pertinência da correção de caráter textual-interativo, portanto, se aplica, digamos, num grau mais acentuado, a problemas da ordem do texto, os globais, e não necessariamente a todos os potenciais problemas de produção escrita, seja em que nível for (fonológico, morfológico ou sintático) – embora, como igualmente demonstrei, os "bilhetes" sejam perfeitamente cabíveis em qualquer caso, a depender das circunstâncias. Aliás, não há dúvida: os "bilhetes" seriam o ideal, sempre (tanto quanto um atendimento oral individualizado...). Não obstante, as condições de trabalho do professor só têm lhe permitido operar dentro do universo do possível.

Como, entretanto (e este é o ponto fundamental que me interessa destacar), os dados nos mostram que são as alterações de refacção decorrentes de correções textuais-interativas as que colocam o texto-produto revisado pelo aluno num nível de qualidade textual muito superior em relação ao texto-produto de alterações que respondem a correções codificadas, sou levada a crer na maior eficácia dos "bilhetes" como estratégia interventiva a distância (isto é, escrita, longe da presença do aluno), para fazer referência a problemas tipicamente textuais.

Contudo, vale frisar, se o professor não estiver atento aos problemas de nível superior, isto é, aos problemas textuais de produção (que, como visto, são inúmeros), certamente, não há "bilhete" no mundo que possa fazer milagres, a ponto de conduzir o aluno a *performances* escritas de maior qualidade. Se ele não estiver atento para o *dizer* do aluno, para o *tema* do enunciado desse aluno, enfim, para o *sentido global* vinculado pela unidade redação-*texto* como um todo, ele pode escrever até cartas, que a revisão-resposta certamente estará circunscrita a aspectos que encontram na unidade *frase* (ou, no máximo, no nível interfrástico) o seu limite. Isso porque, se ele não se voltar para essa unidade de ordem superior, que é o *texto*, é porque, com certeza, centrará sua atenção mais nas *formas de dizer*, que no *dizer* do texto.

Esse enfoque, certamente, trará (como a escola tem insistentemente nos mostrado) consequências desastrosas para o ensino.

A primeira delas é a concepção de linguagem e de escrita que induzirá o aluno a ter. Uma concepção formalista de linguagem como *sistema* (que exclua seja os aspectos históricos e sociais da linguagem, seja a atividade do sujeito na situação efetiva de interlocução) não levará o aluno a entender um fato básico: que os indivíduos não se comunicam por palavras, nem por frases, nem por um conjunto delas; logo, quando escrevem, não escrevem só palavras, frases ou conjuntos de frases, mas escrevem *textos*.

A segunda consequência desse enfoque, decorrente da primeira, é a provável dificuldade do aluno com a leitura de textos. Tendo sido sistematicamente levado a ler sentenças ou conjuntos de sentenças, o aluno, provavelmente, apresentará dificuldade para ler textos. Até porque, habituado a lidar com o domínio do pontual, poderá sentir estranheza ao deparar com o domínio do global e apresentar dificuldades para saltar, na atividade de processamento cognitivo, de uma unidade menor (a frase) para uma unidade global maior (o texto).

E a terceira consequência de tal enfoque é a provável *performance* pouco satisfatória, em termos de produção escrita, que o aluno poderá apresentar. Para usar um termo bakhtiniano, tendo sido levado a produzir *orações*, produzirá com facilidade *enunciados*? E isso a despeito de todas as queixas e reclamações constantes dos professores, e de todos os esforços dos alunos em sentido contrário.

Logo, enquanto não houver uma mudança na concepção de linguagem do professor, que traga em seu bojo uma mudança na concepção de escrita e de correção, muito pouco se verá mudar na escola.

Como, entretanto, promover uma mudança de postura?

Usando uma metáfora, eu diria que é preciso, antes de mais nada, atravessar a ponte que vai da frase para o texto no ensino da língua. Isso significa incorporar, na prática, algumas das contribuições de recentes estudos da linguagem, particularmente, como aqui vimos defendendo, as da Linguística Textual.

Por um lado, levar esse campo de estudos para as aulas de Língua Portuguesa não significa simplesmente transferir para o ensino de 1º e 2º graus as descobertas da área (até porque isso é impossível e inútil). Também não significa ter as mesmas preocupações que os linguistas do texto têm, nem os mesmos objetivos. Significa apenas pensar a linguagem e todos os fatores nela envolvidos segundo os postulados dos pesquisadores dessa área, baseando-se, por exemplo, em algumas descobertas suas, as principais.

Pode-se dizer que levar a Linguística Textual para a sala de aula significa apenas entender (aquilo que já disse): que a unidade comunicacional da língua é o *texto*; que o acontecimento *texto* é o meio pelo qual a língua funciona – e não a frase, não um conjunto de frases, de sentenças, de orações, de períodos. Logo, muito embora possa haver uma certa utilidade (cultural, como defende Perini, 1996) em se proceder a análises sintáticas e morfológicas na escola, não são essas mesmas análises (por mais benfeitas que sejam), com toda metalinguagem que carregam, a estratégia de ensino que pode levar o aluno a aperfeiçoar sua capacidade de interação pela/na língua. Nem o ensino da gramática normativa como um fim em si mesmo que não encare a metalinguagem apenas como um instrumental.

Levando-se em conta os exemplos de redação apresentados, o que pode fazer com que o aluno seja capaz de interagir com variedades distintas de língua (inclusive a culta), com ambas as modalidades linguísticas (oral e escrita), e em todos os seus níveis estruturais (do fonético ao estilístico), é a adoção de uma *perspectiva textual-interativa*.

Nesse sentido, a construção de atividades de ensino deve inserir-se na perspectiva do *texto*, mais especificamente, na perspectiva de situações dialógicas, as mesmas em que professor e aluno entretêm conversações. O tratamento gramatical, assim entendido, visa a objetivar o discurso como seu eixo, relativizando conceitos linguísticos teóricos, e trazendo para dentro de si inúmeros aspectos de linguagem antes marginalizados, como os fatores contextuais e intersubjetivos, que tornam a significação possível.

Tal postura não abolirá o trabalho com a gramática das aulas de Língua Portuguesa (como se isso fosse possível); apenas irá encará-lo de outra maneira, qual seja, de modo dinâmico, abordando os elementos da língua em seu funcionamento real, efetivo.

Se é verdade, como dizem os linguistas, que as línguas variam e mudam, a gramática (conjunto de regras) não tem por que ser estática, como tem sido o uso que dela se tem feito nas aulas de Língua Portuguesa.

Do dinamismo da gramática cuidam os linguistas, mas do dinamismo da língua cuidam os falantes (entre os quais os linguistas, e também os professores, os alunos etc.). Portanto, dinamizar o ensino da gramática é algo que diz respeito não aos especialistas, linguistas, mas àqueles que o tomam também como objeto de trabalho: os professores de língua. É a eles que cabe essa tarefa.

Trata-se de um trabalho que se assenta inteirinho na exposição do aluno aos dados de linguagem (o maior número possível de experiências linguísticas).

Esse trabalho começaria, parece-me, com a leitura. É ela que pode proporcionar uma vivência do aluno com mundos linguísticos possíveis, conhecidos ou desconhecidos, aumentando seu repertório. E atividades de leitura, geralmente chamadas de compreensão/interpretação de textos, não excluem, certamente, atividades de reflexão sobre a linguagem nas quais se podem considerar, por exemplo, alguns fatores de coerência, como os propostos pela Linguística Textual: a necessidade do conhecimento prévio do tema e de outros textos (intertextualidade), a influência da situação de produção (situacionalidade) e dos interactantes (intencionalidade, aceitabilidade, focalização e argumentatividade), a partilha do *conhecimento de mundo* posto em ação no texto (inferências) e, também, os *recursos linguísticos* (coesão) manipulados pelo texto.

Esse mesmo trabalho teria continuidade com a escrita, a partir de um ponto sobre o qual falei no início desta pesquisa, e sobre o qual acordam todos os professores aqui analisados: a solicitação ao aluno para que produza um texto inserido em contextos reais de interação comunicativa (a propósito de temas e de gêneros textuais que estejam sendo trabalhados no universo da sala de aula); seja por conta da leitura de textos escritos, seja a propósito da compreensão de textos orais, leitura e compreensão estas realizadas em sala, sobre esses mesmos temas e gêneros.

Dando prosseguimento, essa metodologia de trabalho com a língua faria entrar em cena a *análise linguística* dos textos produzidos, coletiva (*reestruturação de textos*) ou individualmente (*correção de redações*) – nos moldes aqui defendidos –, em que a gramática, entendida como conhecimento interiorizado, seria ensinada em termos de "aceitação ou recusa de hipóteses a respeito de dados" (Possenti, 1996: 84-85).

E, para fechar o ciclo metodológico, teriam lugar as atividades de reescrita, sobretudo individual (*revisões*), para as quais seriam requeridas experiências tanto de *leitura* como de *escrita* e *análise linguística* (aquelas mesmo previamente realizadas coletiva ou individualmente pelo aluno).

Se as expressões linguísticas não carregam em si todos os elementos necessários à sua interpretação, se a significação só se torna possível em virtude do contexto, do acontecimento interlocutivo *texto*, não há razão para uma abordagem de qualquer forma linguística fora de suas condições de produção (a não ser, evidentemente, em casos de pesquisa científica, em que os propósitos são bem diversos dos do ensino).

Por essa razão, descartam-se práticas de ensino da língua *imanentes* e descontextualizadas, seja em que frente de trabalho for (*leitura*, *gramática* ou *redação*).

Portanto, concluo que estão, igualmente, fora de propósito práticas de intervenção escrita (correções de redação) que apenas isolem as formas linguísticas empregadas pelos alunos em seus textos, tratando-as como se precisassem apenas ser corrigidas por si mesmas, como se o gesto epilinguístico de alterá-las não tivesse efeito na veiculação de sentido global do texto. A correção pela mera correção não tem fundamento.

Logo, correções de redação que se pretenderem realmente produtivas só terão valor se abordarem as formas linguísticas sob análise dentro do universo textual-interativo do qual são inalienáveis as suas próprias condições de produção.

Aliás, fica claro por que o termo *correção* de redação vingou na escola: ele é sintomático do caráter deliberativo que passou a ter o trabalho interventivo do professor no texto do aluno. Igualmente, não é gratuita minha escolha do termo *intervenção*, para referenciar esse trabalho específico.

Logo, se a escola, isto é, se os professores assumissem que corrigir redações é, antes de tudo, ler textos, algo de revolucionário aconteceria: os alunos passariam a ler e a escrever de verdade.

Importa, por fim, salientar mais um aspecto fundamental do trabalho de correção, para o que me valho, mais uma vez, das ideias bakhtinianas.

Um gênero de discurso

Evidentemente, o trabalho de correção que aqui tomei como objeto de pesquisa, e que se configura como um texto escrito nos moldes que aqui descrevi, faz parte de um trabalho maior de mediação realizado pelo professor para intervir no processo de produção textual do aluno: os comentários orais e individuais acerca do texto produzido, os comentários orais e coletivos nas chamadas aulas de reestruturação de textos; enfim, as mais diversas e possíveis atividades realizadas em sala com textos escritos, dos próprios alunos ou de outros, seja a título de leitura, seja de produção ou reprodução. Ou seja: o que aqui vim chamando de *correção* não é, sabemos, o único recurso de que dispõe o professor para efetivamente fazer a sua intermediação.

Contudo, como ficou demonstrado, esse trabalho específico que procurei focalizar mais de perto tem, evidentemente, o seu alcance próprio, pois, como se viu, as respostas que os alunos dão ao reescreverem seus textos são verdadeiras *réplicas* a esse discurso escrito do professor. Sem deixar de reconhecer todo esse contexto de influenciação, a que aludi, nas reescritas, e todo esse volume de eventuais enunciados outros a conjugarem forças na construção das *atitudes responsivas* dos alunos em seus textos, devo admitir (em face da análise que fiz) que o papel dessa correção – digamos – formal pelo professor é preponderante nesse mesmo contexto.

Parece-me possível, então, dentro do quadro esboçado, supor que esse trabalho específico, *correção de redação*, que se dá na forma de um texto escrito sobreposto ao texto do aluno, seja um gênero específico de discurso, já que carrega em si todas as características peculiares do que Bakhtin chama de *gênero*. Senão, vejamos.

Dado que todas as esferas da atividade humana estão sempre relacionadas com a utilização da língua nos mais variados modos, e dado que essa utilização se efetua em forma de enunciados (orais e escritos), concretos e únicos, esses enunciados refletem as condições específicas e as finalidades de cada uma dessas esferas, "não só por seu conteúdo (temático) e por seu estilo verbal, ou seja, pela seleção operada nos recursos da língua – recursos lexicais, fraseológicos e gramaticais –, mas também, e sobretudo, por sua construção composicional". Daí que "cada esfera de utilização da língua elabora seus *tipos relativamente estáveis* de enunciados, sendo isso que denominamos de *gêneros do discurso*" (Bakhtin, 1997: 279).

Para o autor, portanto, é possível realizar-se uma classificação dos discursos que emanam dos integrantes de uma ou de outra esfera da atividade humana, o que evidentemente deve se dar em função da diversidade dessas mesmas esferas.

Posto, porém, que essas esferas se apresentam menos desenvolvidas ou mais desenvolvidas, em face da simplicidade ou da complexidade das sociedades da qual fazem parte, é possível pensar, ainda, numa diferenciação essencial entre o gênero de discurso *primário* (simples) e o gênero de discurso *secundário* (complexo).

Nesse sentido, o fazer pedagógico, que constitui uma esfera de atividade humana de caráter bastante específico, tem, como as demais, por traço característico, a geração de um discurso apropriado para a sua realização: o discurso pedagógico – um *gênero* particular, portanto. Numa espécie de estilhaçamento, o pedagógico se concretizou em subtipos ainda menores: linguagem de sala de aula, de livro didático, de enunciado de prova etc. Todavia, diante das necessidades desse discurso de se adequar às condições impostas pelo ensino da língua e, mais especificamente, pelo ensino da escrita, de se tornar propício não só a falar da própria língua, mas também a falar didaticamente da escrita, esse mesmo discurso, pedagógico e metalinguístico, se subdividiu, especializando-se ainda mais, surgindo, assim, o discurso interventivo escrito, a *correção de redação*.

Logo, assim como podemos caracterizar o discurso pedagógico como um *gênero*, de acordo com os postulados bakhtinianos, podemos, igualmente, ver no trabalho interventivo que o professor realiza sobre a escrita do aluno, particularmente formatado de modo mais ou menos estanque (um texto escrito que se sobrepõe ao texto do aluno), a configuração de um *gênero* de caráter bastante peculiar; já que "as diversas formas típicas de dirigir-se a alguém e as diversas concepções típicas do destinatário são as particularidades constitutivas que determinam a diversidade dos gêneros do discurso" (Bakhtin 1992: 325).

Considerando-se, sobretudo, essa estabilidade formal própria com que se realiza (um texto que se sobrepõe a outro, no corpo, na margem ou em sequência), a temática própria sobre a qual incide (o dizer e o modo de dizer do aluno), o estilo composicional próprio com o qual opera (resoluções, indicações, classificações e/ou "bilhetes"), e o tipo próprio de relação entre o locutor e o outro parceiro da comunicação verbal que instaura (a intermediação possibilitada pelo lugar institucional ocupado pelo professor), não há dúvida, portanto, de que estamos diante de um *gênero secundário de discurso* de tipo especialíssimo: um fenômeno que, na ausência de um termo melhor, podemos chamar de *gênero correção de redação*.

NOTAS

[1] O conceito de *distribuição complementar* pode ser assim definido: "Na medida em que as línguas são sistemas regidos por regras, toda entidade linguística sujeita às regras do sistema possui uma distribuição característica. Duas ou mais entidades têm a mesma distribuição se e somente se ocorrerem no mesmo ambiente, ou seja, se são substituíveis uma pela outra – intersubstituíveis – em todos os contextos (sujeitas às condições de boa formação). [...] As entidades que não forem intersubstituíveis em nenhum contexto estarão em distribuição complementar" (Lyons, 1981, p. 88).

[2] Indicativas que tenham como escopo sentenças inteiras são bastante incomuns.

[3] Koch, 1989, p. 33.

[4] Definirei melhor esses conceitos na seção "Único episódio de correção", deste capítulo.

[5] Van Dijk, 1985, pp. 42-51.

[6] Nomenclatura Gramatical Brasileira.

[7] Koch, op. cit., p. 27, 31 e 49.

[8] Idem, p. 37.

[9] Koch, 1992, p. 34.

[10] Koch e Travaglia, 1990, pp. 21-2.

[11] Koch e Travaglia, 1989, pp. 23-4.

[12] No momento da intervenção, assinalei a vírgula pelo fato de seu emprego ter me causado, como leitora, a sensação (equivocada) de que distração estava tendo um tratamento "apositivo" por Leandra (o que exigiria outra vírgula após o termo). Não soube ler a sequência como um caso de encadeamento sem conector (no caso, *e*, o que daria *descanço e distração*).

[13] Koch, 1989, op. cit., p. 60.

[14] Como o original desta redação não me foi cedido pela professora (apenas emprestado temporariamente), tive de recorrer a uma fotocópia dele e, para mais tarde poder reconhecer, no preto e branco da cópia, as suas marcas de correção (que no original estavam em vermelho); decidi assinalá-las, na época, com caneta vermelha marca-texto, antes de lhe devolver. Contudo, o recurso gráfico do *scanner* não é suficiente para recuperar com transparência a letra da professora que está por baixo da marca vermelha por mim feita (e que aqui aparece na forma de pequenos borrões).

[15] Este é um caso em que a aluna fez a revisão *in loco*, apagando (com borracha) a 1ª versão e sobrepondo a escrita da 2ª ao texto original (de modo que no texto escaneado não se recuperam com nitidez as duas formas, perfeitamente visíveis no original).

[16] Trata-se do mesmo texto do exemplo anterior.

[17] O curioso, neste caso, é como a própria configuração dessa correção (através de observações específicas) aponta para a gênese do meu texto interventivo. Por que após o uso de um asterisco (*), no corpo, uso três em vez de dois? Com certeza porque me dei conta da questão em momento posterior ao registro escrito dos três asteriscos referentes ao segundo problema. Entre ter de colocar três asteriscos no segundo comentário do "bilhete" e três asteriscos no corpo do texto (atitude epilinguística necessária para salvaguardar minha boa imagem de professora diante do aluno), preferi a segunda opção. Assim, os comentários no "bilhete" ficam sequencialmente organizados, muito embora não tenha sido possível ordená-los numericamente, como desejaria, no corpo, sem rasuras.

[18] A proposta solicitava um posicionamento acerca do tratamento desumano dado aos detentos no país.

[19] Bakhtin, 1981a, pp. 128-29.

[20] Bakhtin, 1997, pp. 293-97.

COMO (NÃO) CORRIGIR REDAÇÕES NA ESCOLA

Em face do caminho reflexivo até aqui percorrido, o que me cabe, ainda, acrescentar?

À guisa de conclusão deste trabalho, farei algumas considerações sobre um aspecto que considero relevante para os propósitos desta pesquisa, apresentado na seção introdutória, a saber: a relação entre concepção de linguagem e prática escolar de correção de redações. Para tanto, resgatarei alguns dos pontos vitais do trabalho.

Como mencionei, esta pesquisa nasceu de um questionamento: "Como corrigir redações?". Certamente, tal questão se colocou em função de uma insatisfação pessoal minha com a maneira como a correção de textos escolares vem sendo tradicionalmente conduzida, não só em virtude de dificuldades enfrentadas por professores-corretores (entre os quais me incluo) em proceder a uma intervenção ao mesmo tempo técnica e produtiva no texto do aluno, como em virtude das enormes dificuldades que alunos-produtores encontram para vencer as dificuldades inerentes ao seu processo de aquisição da escrita sem, contudo, apresentar, no final desse processo, um comportamento verbal que possa ser julgado satisfatório – pelo menos aquilo que o senso comum entende por final do processo, ou seja, o término do ensino médio, em função das atuais condições sociopolítico-econômicas de ensino no país.

Escolhidos o posto de observação (a Linguística Textual), o recorte a ser feito (a prática de intervenção escrita do professor) e o *corpus* a ser analisado (redações escolares – dos ensinos fundamental I, fundamental II e médio – corrigidas e suas respectivas reescritas), decidi que a análise estaria configurada por uma comparação entre *textualizações* (Marcuschi, 1994), ou seja, entre os textos escritos e os textos reescritos, de modo que eu pudesse identificar o papel da interferência de um determinado leitor (o professor-corretor) no processo de produção escrita do aluno, para, de posse disso, delinear possíveis respostas à minha questão inicial e, consequentemente, possíveis caminhos de ação pedagógica.

A leitura desses textos (escrita, correção e revisão), como esperava, permitiu-me não apenas traçar uma descrição da prática de correção de redações pelo professor na escola, como, igualmente, identificar os efeitos desse trabalho no processo de aquisição da escrita pelo aluno. Permitiu-me, ainda, perceber que não é indiferente a forma como se dá a intervenção; a natureza do trabalho de mediação do professor é altamente pertinente: dependendo da maneira como se realiza a correção, a revisão pode ou não se mostrar como um passo produtivo em direção ao efetivo domínio da escrita pelo aluno.

Verifiquei que, na esmagadora maioria dos casos, a tarefa do professor, ao corrigir, assemelha-se à tarefa do detetive, ou do médico, que, de posse de uma lupa, ou de um estetoscópio, parte à caça de pistas daquilo que procura (este último, das doenças, aquele, do crime, e o primeiro, das infrações textuais). Assim, os "erros" de produção detectáveis no texto consistiriam em sinais evidentes da sua presumível "violação" linguística, ou "enfermidade" textual; daí a necessidade de identificá-los, para se proceder a um trabalho "profilático" ou de "saneamento". Mais que uma simples leitura, a tarefa de correção, portanto, consiste numa leitura de tipo especial, uma leitura-"diagnóstico", que visa à "cura" dos "males" do texto.

Identifiquei quatro tipos de estratégias interventivas nos textos analisados: a correção resolutiva (em que se apresentam soluções para os problemas detectados no texto, com propostas precisas de alterações), a correção indicativa (na qual se indicam, por meio de símbolos icônicos, os "sintomas" da "moléstia" textual), a correção classificatória (na qual se apontam, por meio de uma metalinguagem codificada específica, as categorias nas quais tais "sintomas" poderiam ser classificados), e a correção textual-interativa ("bilhetes", por meio dos quais se estabelece uma interlocução não codificada com o aluno, resolvendo-se, indicando-se e/ou classificando-se os problemas do texto, ou, ainda, atentando-se para a própria tarefa de revisão do aluno e/ou o próprio trabalho de correção do professor).

Mostrei o caráter monológico do tipo resolutivo de correção, em contraponto à natureza dialógica dos outros três tipos e, assim, as desvantagens metodológicas de uma correção estritamente resolutiva, diante da análise linguística que uma metodologia que valoriza a reescrita espera do aluno.

A partir daí, comecei a investigar as razões pelas quais esse diálogo professor-aluno se dá ora no corpo do texto (resolutivas e indicativas), ora na margem (indicativas e classificatórias), ora no "pós-texto" (textuais-interativas). E minha pergunta passou a ser: o que leva o professor a intervir mais diretamente na forma da expressão, fazendo marcações na superfície textual, em alguns casos e, em outros, fazendo marcações de modo gradativamente distanciado dessa forma e dessa superfície, na margem e no "pós-texto"?

Acreditando que, além de uma suposta idiossincrasia dos professores no trabalho de correção, razões de ordem estritamente linguística pudessem explicar a variação nesse comportamento escrito dos intervenientes, observei que, enquanto as correções no corpo se voltam para problemas tipicamente locais, de ordem microestrutural (circunscritas ao domínio da frase), as correções na margem e as que se fazem em sequência ao texto ("bilhetes") atentam tanto para problemas locais como para problemas globais, de cunho macroestrutural (que extrapolam os limites frásticos, indo em direção ao texto como unidade de análise). Porém, dessas duas categorias, apenas as últimas, isto é, as correções-"bilhetes" "pós-texto", prestam-se a uma focalização mais adequada de problemas tipicamente globais, de macroestrutura (isto é, de natureza eminentemente textual).

Na tentativa de verificar em que medida as revisões-respostas dos alunos, decorrentes de um e de outro tipo interventivo, apontam para diferenças significativas em termos da qualidade do produto-texto final dado a público como reescrita, passei a analisar a relação correção-revisão, e pude compreender o quanto as alterações de refacção realizadas pelos alunos mostram-se determinadas pelas marcas interventivas dos professores. Ou seja, a estreiteza da relação correção-revisão é tal, que mesmo aquelas alterações que os alunos realizam em seus textos por conta própria (não previstas por um dado texto corretivo específico do professor) podem encontrar explicações na relação mesma que se cria entre o professor, a linguagem que este usa para falar dos problemas do texto, o aluno, e a materialidade linguística que este manipula em seu texto para refazê-lo, ao longo do processo geral de intervenção (de forma mais longitudinal, quando se considera todo o ano lectivo, ou um período de tempo maior do que aquele que vai da escrita à reescrita de um único texto, no qual o aluno tenha sido exposto diversas vezes à leitura de textos intervencionados, com fins de refacção).

A análise que fiz dos dados revelou que correções monológicas, isto é, intervenções de tipo resolutivo, instauram uma relação assimétrica entre professor e aluno, na qual apenas aquele detém o saber sobre o texto, e condicionam um determinado tipo de revisão por parte deste: cópias mecanizadas de soluções propostas pelo professor. Revelou, em contrapartida, que correções dialógicas, ou seja, indicativas, classificatórias ou textuais-interativas, dada a simetria que instauram nessa mesma relação, na qual tanto professor como aluno são detentores do saber sobre o texto, acabam gerando outro tipo de revisão: alterações bem ou malsucedidas (tendo em vista o grau de estranhamento que criam em termos de recepção), que revelam, contudo, uma tentativa do aluno de rever seu discurso, assumindo-se como autor.

A análise revelou, ainda, que *revisões-frase*, isto é, refacções que respondem a correções locais (sejam elas resolutivas, indicativas, e/ou classificatórias) mostram uma preocupação do aluno apenas com a superfície textual, enquanto *revisões-texto*, ou seja, reescritas que atendem a correções globais – indicativas e/ou classificatórias e/ou textuais-interativas –, demonstram um maior envolvimento do aluno produtor com aspectos mais profundos do próprio discurso.

Em outros termos: revisões pós-correções locais se apresentam como uma espécie de varredura dos problemas "epidérmicos" do texto, constituindo-se numa mera higienização textual; já revisões pós-correções globais mostram um trabalho "subcutâneo" do aluno para além dessa higienização. Enquanto as primeiras se voltam apenas para os aspectos formais da expressão, estas últimas, contrariamente, voltam-se para a relação entre a forma da expressão e seu sentido. De modo que, se o que interessa às primeiras é apenas a materialidade linguística do dizer, as segundas se ocupam mais com os efeitos de sentido do próprio dizer.

Esse tipo de constatação me levou a inferir que no ensino de redação na escola há duas posturas teóricas em relação à linguagem convivendo lado a lado: uma, *formal*, pautada pelos ditames da NGB, que entende a língua como sistema fechado e o fenômeno linguagem na sua imanência, isolado de suas condições de produção; e outra, *funcional*, que vê a língua como atividade, logo imersa num universo contextual repleto de relações de múltiplas ordens.

A primeira concepção considera a língua como um código através do qual um emissor comunica a um receptor determinadas mensagens. A principal função da linguagem é, neste caso, referencial: a transmissão de informações. A segunda concepção é aquela que encara a linguagem como *forma de ação*, ação interindividual objetivamente orientada, como *lugar de interação* que possibilita aos membros de uma sociedade a prática dos mais diversos tipos de atos, que vão exigir dos semelhantes reações e/ou comportamentos, levando ao estabelecimento de vínculos e compromissos anteriormente existentes.

No dizer de Neves (1997: 39-46), essa oposição estaria configurada por dois polos de atenção opostos no pensamento linguístico, "o *funcionalismo*, no qual a função das formas linguísticas parece desempenhar um papel predominante, e o *formalismo*, no qual a análise da forma linguística parece ser primária, enquanto os interesses funcionais são apenas secundários".

Pode-se dizer, pois, que a concepção *formal* é própria daquelas *correções-frase*, que atentam exclusivamente para aspectos localizados do texto, portanto, com ênfase nas formas do dizer. A concepção *funcional* é específica daquelas *correções-texto*, que não se prendem apenas à materialidade textual, mas à globalidade do discurso enquanto dizer e, assim, às relações forma-sentido.

O exame dos dados revelou que, em virtude da convivência, na escola de hoje, dessas duas posturas teóricas a reger práticas diversas de intervenção via correção, não é todo professor que está atento para os problemas de natureza textual. Isso porque tais problemas têm a ver com a inserção do projeto de dizer do aluno num universo discursivo, onde o interlocutor e os demais fatores contextuais em jogo determinam não só a escolha do gênero de texto (*superestrutura esquemática* – conforme van Dijk, 1980: 53), como das formas linguísticas mais viáveis para o tratamento que se deseja dar, nesse gênero, a um determinado tema (*macroestrutura semântica* – conforme van Dijk, 1980: 43). E, ainda que as correções do grupo de professores analisado se apresentem objetivas, e demonstrem uma forte segurança por parte deles em relação ao próprio trabalho interventivo escrito, não há, em geral, uma preocupação com tais aspectos. Mostrou também que aqueles professores que se revelam atentos para problemas de natureza textual (que não se esgotam nas questões de domínio da norma padrão, nem das convenções para o uso da modalidade escrita da língua) ainda se mostram inseguros em como proceder à mediação que a instituição escolar deles espera, em como chamar a atenção do aluno para esse nível de análise linguística.

Por certo, a insegurança de uns se deve à extrema força exercida pela Gramática Tradicional na condução dos rumos do ensino da língua, durante décadas, ao passo que a insegurança de outros se explica pela timidez com que têm chegado até esse mesmo ensino as principais reflexões da ciência linguística contemporânea, entre elas as contribuições da Linguística Textual, por exemplo, rompendo com aquela mesma força. Para se proceder a *correções-frase*, que demandam um olhar focalizado apenas em aspectos microtextuais, tipicamente frásticos, bastam as categorias da NGB; porém estas se mostram insuficientes e inadequadas quando se pretende proceder a *correções-texto*, pois estas requerem um olhar panorâmico, com uma focalização mais ampliada, voltada para todo o universo textual.

Como vimos, "bilhetes" textuais-interativos são uma forma de dialogia, e solicitam a capacidade e a disponibilidade de o professor interagir por escrito com o aluno – o que, sabemos, ainda está aquém do desejado, dadas as atuais condições de trabalho docente no ensino fundamental I, fundamental II e médio, como também as condições de precariedade e indigência (desde as que se prendem às questões materiais até às gerenciais) em que no geral se encontra a educação formal e oficial no país. Além disso, uma correção na perspectiva do *texto* demanda critérios mais precisos de análise da língua e, portanto, conhecimentos mais apurados do funcionamento da linguagem como ação intersubjetiva. Ou seja, noções mais sofisticadas que aquelas assentadas nos parâmetros da NGB acerca dos mecanismos que regem as escolhas linguísticas dos sujeitos, em função dos espaços que estes ocupam socialmente, e dos efeitos de sentido de tais escolhas na interação.

Como, entretanto, os dados desta pesquisa (haja vista os exemplos apresentados) nos mostram que a maioria dos problemas de redação dos alunos está no nível textual, no nível do discurso, e que, contrariamente, só uma minoria das correções dos professores são nesse nível, a prática de correção do grupo de sujeitos aqui analisada aponta para a pertinência de uma postura interventiva que se volte para o texto do aluno como um todo, e não apenas para unidades menores ou trechos isolados e descontextualizados.

E isso principalmente porque, no final das contas, a grande questão que emerge da reflexão que até aqui foi possível de se realizar é esta: afinal, o que é corrigir? No que consiste essa tarefa corriqueira a que chamamos correção de redação? Seria "caçar erros" localizados? Seria procurar trechos obscuros? Ou seria ler na busca de um sentido e, diante de estranhamentos (tanto positivos, de aprovação ou encantamento, como negativos, de reprovação), se manifestar por escrito na qualidade de um leitor mais experienciado?

No final da seção "Textuais-interativas: 'bilhetes'", eu já havia mencionado que, a depender do projeto de dizer do professor, um ou outro tipo será a configuração formal (estilística) e conteudística de sua intervenção. Porém, anterior a isso está o que ele entende por correção – e essa é a diferença! A depender de sua concepção do que seja corrigir uma redação escolar, será o estilo interventivo que adotará; e este, por sua vez, decorre da sua concepção do que seja escrever na escola; o que nada mais é senão reflexo da sua maneira de conceber o fenômeno da linguagem.

Assim, para que a postura textual-interativa aqui definida tenha espaço nas aulas de redação de nossas escolas, e passe a fazer parte do cotidiano de trabalho daqueles que se ocupam com o ensino da língua aos que dela são falantes nativos, haveria necessidade de se alterar a concepção de linguagem que rege esse mesmo ensino e, consequentemente, a prática de correção de textos vigente (representada pela amostra de correções que constitui nosso *corpus*).

Acredito que a via apropriada para se chegar a isso seria incorporar ao ensino da língua novas aquisições dos estudos da linguagem, sobretudo aquelas advindas de áreas específicas dessa ciência, como a Sociolinguística (se bem que quanto a esse aspecto um avanço já se faz presente há um bom tempo), a Linguística Textual e a Análise do Discurso.

Significaria perceber, de uma vez por todas, que as línguas variam (há outros falares que é preciso considerar, não só o dialeto-padrão) e mudam (não há por que defender uma gramática que pode não mais corresponder ao atual estágio de evolução da língua). A variação e a mudança linguística se explicam justamente em função da natureza constitutiva da linguagem (Franchi, 1977).

Significaria perceber que é preciso ensinar *língua* e não gramática na escola (gramática também, mas não só). E não apenas a gramática normativa, mas a descritiva também, que considera a variação e a mudança, e põe em ação a gramática internalizada dos alunos, a partir de hipóteses acerca do que venham a ser as regras no domínio do fonológico ao estilístico, que regem as interações verbais, orais ou escritas, dos falantes da língua (Possenti, 1996).

Isto significaria perceber que ensinar a língua na escola é antes de tudo ensinar a ler e a escrever. Não apenas a ortografia de palavras, ou a estruturação de frases, ou a concatenação de um conjunto de orações em períodos compostos por coordenação ou subordinação, mas também, e sobretudo, a composição de *textos*.

Isso tudo significaria, principalmente, entender que ensinar a ler e a escrever é ensinar a ler e a escrever *textos* coerentes, para o que se ativam conhecimentos de várias ordens, não só o gramatical, mas, igualmente, o cognitivo, o sociointeracional, o pragmático e o discursivo, como exposto anteriormente.

Tal mudança de postura não será possível enquanto o professor ainda se mantiver preso unicamente às questões de norma, de forma, de microestrutura, ligadas ao nível do *sistema* linguístico. Nada de novo ocorrerá no ensino da língua se o professor não começar a se voltar também para o *texto*, o *discurso*, e não começar a tratar o aluno como *outro*, como *interlocutor*. Uma concepção textual ou discursiva da linguagem faz-se necessária, uma vez que se estaria pressupondo um falante ativo e participativo na atividade linguística interativa.

Creio que este é o ponto vital daquilo que poderia ser uma "revolução" no ensino da língua no país. Não se pode postular que se fale em *texto*, ou em *discurso*, na escola, se a própria linguagem usada na prática de ensino da língua não se espelhar no que vem a ser a prática real, interpessoal e contextualizada de uso da língua.

Não se trata, porém, apenas de uma mudança de ponto de vista teórico, desgarrada de uma prática metodológica a reboque, até porque, no meu entender, é justamente por conta do enfoque teórico proposto que fica impossível deixar de mudar tal prática.

Por um lado, o privilégio e o interesse aqui dados à interação na escola vão de par com uma visão de linguagem que incorpora o falante e todos os aspectos sociais envolvidos nas atividades específicas de utilização, construção e interpretação da linguagem. Por outro, atividades verbais (linguísticas, epilinguísticas e metalinguísticas), que podemos tanto chamar de atividades *discursivas* como de atividades de *produção textual*, são necessariamente, segundo Leont'ev (1971, apud Koch, 1997), presididas por ações humanas, de caráter psíquico, "para a realização de fins sociais" (Koch, 1997: 13).

Se as expressões linguísticas não carregam em si todos os elementos necessários à sua interpretação; se é só como *discurso* – isto é, envolvendo todos os fatores contextuais e intersubjetivos – que a significação é possível; e se é só no *texto* que a coerência acontece, há sempre espaço para a emergência do *sujeito* que interage.

O modo como o aluno tem tradicionalmente sido tratado na escola, levando-se em conta a maioria dos dados analisados, revela não a presença de um *sujeito*, autor, que passa pela experiência de constituir-se como locutor. Ao contrário, revela um aluno que joga o jogo da linguagem à maneira de quem meramente cobre as próprias "faltas", denunciadas pelo "cartão amarelo", sempre a postos, do juiz-professor. De falta em falta e de cobrança em cobrança, sobra-lhe pouco tempo para as "grandes jogadas". Com a atenção nas técnicas de pequenos lances, como atuar no campo e jogar o grande jogo?

O modo como se dá a prática de correção de redações na escola, a julgar pelos textos do *corpus*, aponta para uma grande maioria de professores preocupados com a linguagem em sua imanência, subtraída de sua função social. Na maior parte dos textos analisados, apesar da pressuposta intenção de se deixar o aluno escrever livremente, o professor exerce, via intervenção escrita, um forte controle sobre a atividade de produção, a fim de conduzir o texto para um sentido fechado, considerado por ele como o melhor, ou único possível. Tudo se passa como se houvesse a necessidade de se controlar, pela linguagem, o outro, a partir do controle dos efeitos de sentido do dizer desse outro. O que ocorre é uma grande manipulação do sentido, com uma ênfase exagerada na forma, na perspectiva da língua como código, sistema estanque de signos. Não se percebe, assim, o aluno como *autor*, responsável pelo que é dito, a partir de uma posição conscientemente assumida num determinado discurso.

A esse trabalho, quero contrapor (e propor) um outro, também presente no *corpus*, tentando mostrar como o acesso do aluno ao mundo da escrita se dá pelo processo interativo, que o constituirá como *sujeito* juntamente com o professor mediador.

Ainda que seja praticamente impossível romper totalmente com a artificialidade instaurada pela própria imposição da situação interlocutiva professor/ aluno em sala de aula, fundada em estereótipos sociais conhecidos, os dados nos mostram que há um caminho que torna possível naturalizar esse tipo de efeito na relação: com abordagens textuais, discursivas, interativas.

O professor precisa se integrar na situação de produção como coautor, e não como mero observador. É interagindo realmente com o aluno que ele pode mudar as coisas no ensino da escrita. E isso não se consegue sem um envolvimento maior com o aluno-produtor, sem um compromisso pessoal com o próprio trabalho, sem uma pequena dose de afetividade. Não é isso que nos dizem alguns episódios de correção do *corpus,* os "bilhetes", sobretudo?

O reverso dessa situação já nos é conhecido: um distanciamento, muitas vezes enorme, entre os interactantes, por conta de se supervalorizar o *como* se diz, prescindindo-se de *quem* diz, *para quem* se diz, *o que* se diz, *para que* se diz, e *em que situação* se diz.

Na condição de meros professores observadores, praticamente anulamos o *sujeito* aluno, que não se integra no processo senão como aprendiz, objeto de nossa investigação, porque, na verdade, anulamos as suas próprias possibilidades de linguagem.

Por essa razão, isto é, justamente por envolver a linguagem, a prática metodológica de mediação do professor e, em especial, a de correção de redações, não pode se dar senão nos contextos social, interacional e intersubjetivo, onde a linguagem é possível.

Procedimentos de correção que queiram ultrapassar de longe métodos usuais e já cristalizados de intervenção não podem se restringir ao trabalho de apenas tingir todo o texto de vermelho, com solicitações que podem ser respondidas apenas com alterações de refacção meramente localizadas, carregando a ideia de que escrever é estruturar frases e juntá-las de maneira adequada ou correta; de que ser *autor* é reproduzir formas. (Devemos lembrar que em qualquer fase do aprendizado o aluno tanto poderá apresentar problemas micro como macroestruturais.)

Além dos fenômenos microtextuais que têm ocupado a maior parte das aulas de redação, conforme nos dizem os dados, abrangem-se, também, na construção dialógica e contextualizada da linguagem, fenômenos macrotextuais, como o uso de recursos de natureza sintático-semântico-pragmática, a manipulação de esquemas textuais complexos, relacionados ao conhecimento de diferentes gêneros, e os problemas linguísticos decorrentes da integração do sujeito nas condições de produção de seu texto em face desses mesmos usos e manipulações.

Isso significa que uma correção para além da assepsia, da higienização e da profilaxia linguística do texto tratará de se ocupar também do agenciamento, pelo aluno, de inúmeros fatores que interferem na construção da significação, e que não são imanentemente linguísticos: a situação imediata, a imagem recíproca dos interlocutores, o conhecimento partilhado (ou não), as negociações e os ajustes de sentido, as pressuposições, os implícitos, as inferências etc.

Para a constituição do aluno como sujeito pela linguagem escrita, é imprescindível que se dê a devida importância, na correção, também a essas condições de determinação discursiva da significação.

E isso só é possível se o professor não for um observador exterior que encontra problemas de redação e os aponta monologicamente, mas um verdadeiro interlocutor, também sujeito, que participa dialogicamente do espaço de linguagem em que o aluno se constitui, ele próprio, como sujeito: o texto-redação.

Certamente, uma correção centrada na perspectiva textual-interativa ampliaria o universo de percepção de problemas de redação pelo professor: afora os típicos da Gramática Tradicional, muitos outros demandam também atenção; além do que uma postura dessa natureza certamente minimizaria a importância que tem fortemente sido dada a tais problemas. Consequentemente, uma correção desse tipo alargaria o universo de conhecimentos linguísticos do aluno e, por isso, abriria a possibilidade de *performances* escritas mais satisfatórias.

Corrigir nessa perspectiva é relativizar a tarefa técnica classificatória (ou tipológica) de problemas pelo professor, uma vez que a correção textual-interativa centra o professor mais na atividade de leitura – e a revisão, por ricochete, mais na atividade de produção.

A prática de correção, tal como aqui defendo, nasce, portanto, de um encontro entre sujeitos (aluno, professor e outros) em processos linguísticos que se prestam para produzir significação em episódios de interação pessoal e dialógica. E tal prática só é possível dentro de uma postura teórica específica: a textual, a discursiva.

Nesta perspectiva, entendo que não teria mais lugar uma correção de textos escolares apenas como mera aferição do domínio de regras, mas sim (também e principalmente), como negociação de sentidos, em face dos lugares socialmente ocupados pelos interlocutores. A correção de redações passaria a ter o verdadeiro estatuto de leitura que deve ter (ainda que diferenciada do senso comum do termo, dada a especificidade própria do papel institucional do professor), ou seja: leitura-interlocução, típica da discursividade que emerge na interação autor/texto/leitor; no nosso caso específico, na relação autor-aluno/texto-redação/leitor-professor coautor/texto-correção/leitor-aluno coleitor/texto-revisão/leitor.

Diante disso vale, então, perguntar: como aliar a necessidade teórica (e política) de o professor fazer o seu trabalho de correção numa perspectiva textual-interativa, tomando o texto todo do aluno como unidade de análise (para que a reescrita seja produtiva), à suposta impossibilidade prática de se focalizarem problemas de organização textual de forma mais racional e objetiva, como querem os estilos indicativo e classificatório de correção?

Os próprios professores já nos dizem que é por meio de "bilhetes". Mas como fazer isso de uma maneira clara, a fim de garantir sucesso semelhante ao das outras formas de intervenção que atentam para problemas não globais? Isso é possível?

Parece-me que não. Por mais que os professores se instrumentem, não há garantias dessa ordem. Nada pode nos dar uma certeza quanto à transparência da linguagem (e/ou metalinguagem) utilizada pelo professor nas correções que vier a fazer. Simplesmente porque é próprio da linguagem o caráter de indeterminação. A dialogia que se instaura em todo e qualquer processo interventivo do professor, seja ele escrito ou não, inclusive no processo de aquisição da escrita pelo aluno, é a mesma que se dá nas interlocuções do cotidiano dos falantes da língua. E, no entanto, nada nem ninguém podem nos garantir que essa interlocução específica se realize sob a aura da certeza de uma interpretação coerente por qualquer uma das partes. Aliás, a análise dos dados revelou isso também. Assim como acontece nas conversações que falantes entretêm no dia a dia, seja oralmente, seja por escrito, também na conversa que o professor realizar com o aluno acerca de seu texto, seja falando, seja escrevendo, sempre sobrará espaço para dúvidas, mal-entendidos, todos típicos da própria interação verbal humana.

Portanto, não é a busca por uma forma ou outra de dizer em si, por este ou aquele símbolo classificatório, por esta ou aquela metalinguagem de análise empregada na correção classificatória ou na correção-"bilhete" que pode garantir que a intervenção do professor se fará de modo mais ou de modo menos interessante, politicamente correto, ou produtivo para o aluno.

Além disso, muitos são os fatores envolvidos. Um deles: a própria formação do professor. Não é o emprego do termo *Coesão*, ou *Referência*, ou *Sequenciação*, por exemplo, pura e simplesmente, que fará mágicas no trabalho de correção e, portanto, no ensino da escrita. É preciso compreender o alcance de cada uma dessas expressões e o porquê da necessidade ou pertinência de sua utilização em certos contextos de correção.

Outro fator: a história de vida do aluno, sua capacidade de lidar com conhecimentos linguísticos e metalinguísticos. De nada adianta o emprego de uma rica nomenclatura, por parte do professor, se ela não fizer sentido para o aluno, se não levá-lo a repensar sua escrita.

E, sobretudo: a própria interação professor-aluno. Muitas vezes, além da formação do professor e da história de vida do aluno intervêm fatores de outra ordem, como a empatia deste em relação àquele, e em relação à linguagem em geral e à escrita em particular; o envolvimento do aluno com seu próprio processo de aquisição da escrita; sua disposição para o trabalho de escrita e de reescrita; seu envolvimento com o tema de seu texto, com os propósitos desse texto e com o leitor virtual; enfim, fatores que não se circunscrevem apenas ao discurso interventivo do professor, às formas de dizer empregadas por esse professor na correção que realiza no texto do aluno.

Que não se entenda, entretanto, que, em função da indeterminação linguística apontada, qualquer pode ser a forma de linguagem empregada pelo professor para corrigir redações. Já mostrei, no decorrer da análise, que não é assim. Por isso, nunca poderá ser neutro o discurso interventivo do professor e, igualmente, a *forma* da qual ele se utiliza para interagir com o aluno (a propósito dos textos que este escreve, ou outra coisa). O texto corretivo do professor, seja ele qual for, sempre será reflexo de uma determinada concepção, tanto de educação como de linguagem.

Logo, se desejamos que algo mude no ensino da língua e, em especial, no ensino da língua escrita, reafirmo: é a concepção de linguagem do professor que deve ser revista, pois a partir do momento em que se conceberem diferentemente as coisas pertinentes ao ensino, outra, necessariamente, será a linguagem empregada para se fazer valer esse ensino, incluindo a linguagem da correção de redações.

Como mudar a concepção de linguagem dos professores que corrigem textos escolares é uma questão que compete sobretudo à universidade. Mas como alterar a prática de correção de redações é uma questão que compete aos professores.

Por essa razão, uma pergunta fica, ainda, para ser respondida: Como pode o professor realizar, na prática, correções textuais-interativas ("bilhetes") que, pela própria natureza, demandam tempo físico bem maior que correções icônicas (indicativas) ou codificadas (classificatórias), dentro das atuais condições de trabalho docente em que se dá o de correção de redações? Como conversar por escrito com o aluno, segundo uma concepção diferenciada de linguagem, dentro do escasso tempo que tem disponível o professor para essa tarefa?

Como já disse, o que leva o professor a escrever "bilhetes" – em vez (ou além) de traçar círculos, chaves, sublinhas, ou até mesmo abreviações que classificam os problemas encontrados no texto em categorias, de acordo com a sua natureza linguística – é a sua percepção do exato limite da correção codificada. O professor consciente do trabalho interventivo que executa sabe que nem tudo pode ser referenciado de forma econômica para o aluno. Sim, pois o que são os sinais indicativos e classificatórios senão uma forma de agilizar o trabalho de intervenção por escrito? O que pode explicar esse estilo mais codificado de correção senão a pressa típica de quem sempre tem pilhas e pilhas de redações para corrigir? O que são as correções indicativa e classificatória senão tentativas inteligentes criadas pelo professor para dar conta de proceder com eficácia e rapidez à tarefa que lhe cabe?

Sabemos que, como acontece com todo trabalhador inserido no modo de produção capitalista, ao professor também é imposta uma carga excessiva de trabalho. Fazemos, nós professores, sempre muito, por muito pouco. Produzimos em grande quantidade, muito embora nossos salários sejam sempre minguados: uma grande produção para um retorno financeiro absolutamente irrisório e desproporcional.

Porém, seja como for, o quadro negro em que nós professores estamos inseridos como trabalhadores é um fato. E é com esse fato que nos debatemos diariamente. Tentamos saídas de todas as formas. Em todas as instâncias. Em todas as áreas do conhecimento.

Na área específica do ensino da língua, as tentativas são de todo tipo e espécie (desde a luta para a aquisição de livros de literatura para a formação de uma biblioteca mínima em escolas fundamentais mais carentes, até a luta por melhores condições de trabalho em faculdades de Letras de universidades privadas). Mas uma luta ainda se nos afigura como inalienável do cotidiano de quem trabalha com produção de textos escolares: a excessiva mão de obra requerida pela tarefa de correção de redações. Como levar a cabo a tarefa, sempre maçante, de ler e corrigir um número sem fim de textos escritos por nossos alunos? Como oferecer, para uma classe sempre numerosa, e quase sempre superlotada, um retorno, por escrito, via correção, sobre o trabalho de produção realizado, de modo que seja interessante para ambas as partes? Como dar conta, a um só tempo, não só de perceber o que há de bom e de ruim nos textos, como também (e sobretudo) de mostrar para cada aluno aquilo que pode permanecer como está em sua redação e aquilo que deve ser alterado? Como gerar a produtividade que o sistema espera de nós, num universo de quantidade, sem, contudo, afetar a qualidade que queremos garantir ao nosso trabalho? Enfim, como não nos alienarmos, não nos anularmos, nem anularmos nossos alunos com nosso trabalho?

O que os dados desta pesquisa particular nos dizem acerca das tentativas de solução desse problema por um grupo específico de professores que trabalham com ensino escolar da escrita é que existe uma saída possível para se vencer esse drama: codificar a linguagem da correção.

Afinal, para que o professor faz uso de um círculo, uma sublinha ou um colchete, no corpo do texto, ou traça uma linha, uma chave ou uma "cobrinha" na margem? Ora, justamente para não ter de escrever toda a sequência linguística que normalmente esses sinais significam: algo do tipo *Aqui tem um problema*, ou *Isto está errado*, ou *Corrija isto aqui*. E para que ele escreve um *A*, um *CV* ou um *Reg*, na margem? Pela mesma razão: para não ter de repetir, cada vez, a mesma ladainha: *Aqui tem um erro de Acentuação*, *Aqui o erro é de Concordância Verbal*, ou *Corrija a Regência*, por exemplo. (No folclore que faz parte do trabalho docente, ouve-se dizer que há colegas – de outras áreas, inclusive – que levam isso às últimas consequências, fazendo uso de determinados carimbos, com mensagens-clichês estereotipadas, do tipo: *Absurdo!*, *De onde você copiou isso?*, *Refazer por completo* etc. Esse traço da massificação do trabalho docente também pode ser encontrado em recentes estratégias de cursinhos pré-vestibulares que, para dar conta de corrigir as redações do grande número de alunos que compõem sua clientela, trabalham com folhas-padrão, onde o corretor já encontra impressos os recados de correção a serem dados para o aluno.)

Assim, se, por um lado, corrigir os textos de modo indicativo é codificar a forma de apontar as coisas no texto, dizendo onde está localizado o problema na superfície da materialidade linguística, por outro, corrigir os textos de modo classificatório é codificar a forma de dizer qual é o problema.

E o que é codificar senão combinar com os usuários da linguagem a ser codificada que certas formas de dizer usuais serão representadas por novas formas mais econômicas de dizer que substituirão as usuais (e passarão a ser usuais em um dado contexto)? A linguagem codificada é, pois, a tentativa, na prática, de o professor superar as barreiras do tempo, sempre tão curto, para a tarefa de correção.

Entretanto (e isso os dados também nos dizem), essa saída ainda deixa a desejar: ela não se aplica a qualquer circunstância. A correção codificada só é interessante para determinados tipos de problemas: os da frase, não para os outros; porque todos esse outros, os do *texto*, ao contrário (e isso os dados também nos dizem), demandam um outro tipo de correção, a não codificada: os "bilhetes".

O curioso é que essa demanda por uma abordagem textual-interativa parece ir contra as tentativas de o professor buscar alternativas que agilizem o seu trabalho de correção. E aí o problema permanece: como conversar por escrito com todos os 30, 40 ou 60 de uma classe (situação típica de ensino universitário particular), ou todos os 100, 200 ou 300 de um único professor? Como otimizar o tempo que se tem para essa lição de casa sem perder de vista a qualidade do trabalho?

Mais uma vez, são os dados que nos indicam a resposta: arriscando. É a ousadia do risco que pode nos mostrar a saída. E isso não se consegue sem uma dose de coragem, de otimismo, de boa vontade, de idealismo, e de autoconfiança, principalmente.

Os professores que arriscam, por certo, fazem-no por olhar para seus alunos de um outro modo: como *sujeitos*. Uma "dúvida-tostines",[1] então, se nos coloca em face disso: olham para seus alunos como *sujeitos*, porque podem? Ou podem, porque olham para seus alunos como *sujeitos*? Dizendo de outro modo: será que são as condições de trabalho do professor que vão determinar seu maior ou menor poder de risco? Ou, ao contrário: é sua maior ou menor ousadia que vai determinar suas condições de trabalho?

Parece-me que nem uma nem outra coisa. Não dá para dizer que é o grau de disposição pessoal do professor para o risco que vai lhe garantir uma melhor condição profissional. Os professores que mais arriscam, segundo nos revelou o exame do *corpus*, não vivem condições semelhantes de trabalho. Enquanto eu atuo com classes reduzidas, em caráter de aula particular, com alunos de classe social e economicamente privilegiada, I., por exemplo, atua numa escola rural do estado, em regime de ensino sistematizado, com classes entre trinta e quarenta alunos, todos de origem socioeconômica desprivilegiada. Embora se possa argumentar que isso pode fazer diferença, em certos aspectos, vale dizer que, em outros, não (como, aliás, os dados nos mostram). Portanto, não se pode dizer que são as condições materiais de trabalho docente que determinam o grau de disposição pessoal para o risco, por parte do professor.

Por outro lado, também não é possível afirmar que é a boa condição profissional do professor que determina seu poder de risco. Sabemos ser grande o número de colegas que estão atuando em escolas que pagam melhor, que lidam com um número de alunos por sala mais aceitável, e que oferecem maior respaldo tanto técnico-pedagógico como material ao seu corpo docente. Isso, entretanto, não garante que tais profissionais tenham uma atuação qualitativamente melhor do que outros que não dispõem de tais condições.

De modo que a noção de poder que está pressuposta em minha "dúvida-tostines" extrapola o aspecto meramente socioeconômico da questão. Segundo acredito, é a concepção do que seja educar, do que seja uma língua, um texto, ler e escrever e, sobretudo, do que seja corrigir que vai nos permitir olhar ou não para nosso aluno como *sujeito*. Dizendo de outro modo, o que a presente pesquisa nos aponta nesta reta de chegada, além da necessidade de uma revisão teórica acerca do fenômeno da linguagem, pelos professores em serviço, é a urgência de se recolocar em pauta uma questão fundamental do nosso trabalho: afinal, o que é corrigir redações? O que significa intervir nos textos dos alunos? Enfim, o que entendemos pelo conceito de *correção de textos*?

Já abordei, no capítulo precedente, a ideia de que, dependendo do projeto de dizer do professor, uma ou outra será sua forma de intervir no texto do aluno (resolver, indicar, classificar e/ou interagir textualmente). Contudo, se, por um lado, é seu projeto de dizer que formata seu texto interventivo (e aí os diferentes tipos de correção descritos), por outro, o que configura seu projeto de dizer é a concepção do que seja corrigir um texto.

Se, como já disse, o professor entende que intervir é monologar, falar sozinho, ele fará resoluções; se ele entende que intervir é dialogar com o outro, ele fará indicações, classificações e/ou "bilhetes". Contudo, se o escopo de seu monólogo ou de seu diálogo for apenas a forma linguística, a mera normatização, a reescrita do texto pelo aluno não avançará significativamente em relação ao seu original tanto quanto se o escopo do professor for o sentido, o projeto de dizer do aluno, o texto como um todo.

Como demonstrei, quando o que se visa são meramente os aspectos relacionados à forma, encaminha-se necessariamente uma reescrita que não passa de uma nova formatação do texto, no nível superficial da linguagem, sem alterações significativas quanto ao sentido. É como se o professor entendesse o trabalho de reescrita escolar pelo aluno como a tarefa profissional de revisão, executada nas editoras a título de prova final, que nada mais é do que uma espécie de peneira fina, onde o que se busca é dar um retoque definitivo – bastante limitado, portanto – ao texto que já está praticamente pronto.

Já quando o que se visa são os aspectos relacionados ao conteúdo, via relação com a forma, outro é o encaminhamento da reescrita, que, como mostraram os dados, se apresenta como uma nova configuração textual, uma vez que há uma retomada pelo aluno de tudo o que foi dito no texto. E, nesse caso, o professor parece entender a reescrita não apenas como uma revisão de provas – editoração –, mas como um trabalho de preparação de originais – copidesque (que nas editoras é executado previamente ao que aí se chama de revisão).

Se há, portanto, algo de significativo para o contexto escolar que este trabalho de pesquisa vem acrescentar, é a necessidade premente de o professor repensar a sua prática, iluminado por uma postura teórica de linguagem que lhe fundamente uma reflexão acerca do que é um texto, o que é escrita, reescrita e, consequentemente, correção de redação.

Não há dúvida de que a chave do problema expresso pela "dúvida-tostines" está nas mãos de cada um que se permitir colocar-se como *sujeito*, para poder olhar para o outro como tal. Para que o aluno possa assumir a sua identidade como *autor*, o professor tem que se assumir como *autor*, antes, interagindo com ele na condição de leitor, traço inalienável do especialista em linguagem. Diferenciando-se, dizendo não à mesmice das receitas prontas, da mera reprodução do que está posto, abrindo espaço para si mesmo, identificando-se como *sujeito* de seu discurso mediador, assumindo, enfim, o lugar que verdadeiramente ocupa neste mundo de uma enganosa e aparente homogeneidade.

É preciso, pois, que não se silenciem as múltiplas vozes dos protagonistas desta cena, para que a alteridade, a diferença, o estranho, o novo, inerentes ao processo de autoria e de identificação dos *sujeitos*, aconteçam.

Seja como for, esse é mais um grande desafio, parece-me, posto ao trabalhador do ensino da língua no contexto histórico brasileiro deste início de milênio. Algo que, sem dúvida, vai exigir de nós, professores, muita reflexão, muito diálogo, muita experiência, muita luta conjunta, que só o tempo pode nos proporcionar.

De qualquer forma, essa barreira entre a teoria e a prática pede para ser rompida. Mas, segundo entendo, essa não é uma questão que cabe exclusivamente à academia resolver. Nós, professores, que façamos a nossa parte.

Ainda que, por vezes, no meio do caminho haja uma pedra.

Ainda que, de vez em quando, precisemos humildemente pedir: "Me empresta a chave?".

Ainda que, a todo momento, nossas escolhas cotidianas nos façam lembrar uma simples, mas grande verdade: cada um sabe a dor e a delícia de ser o que é.

NOTA

[1] Expressão inspirada em uma antiga propaganda televisiva de biscoitos, que explorava o jogo de sentidos com a mudança na ordem dos constituintes da sentença: *Vende mais porque é fresquinho? Ou é fresquinho porque vende mais?*

BIBLIOGRAFIA

ABAURRE, M. B. M. et al. *Cenas de aquisição da escrita*: o sujeito e o trabalho com o texto. Campinas: Mercado de Letras, 1997.
ALVES, R. O que eu quero é fome. In: _____. *Cenas da vida*. Campinas: Papirus, 1997, pp. 53-6.
APLEBEE, A. N. Look at Writing. In: _____. *Educational Leadership*, 1981, pp. 458-62.
AUSTIN, J. L. *How to do Things with Words*. Cambridge: Cambridge University Press, 1972.
BAKHTIN, M. *Marxismo e filosofia da linguagem*. Trad. Michel Lahud e Yara Frateschi Vieira. 2. ed. São Paulo: Hucitec, 1981a [ed. russo 1929].
_____. *Problemas da poética de Dostoiévski*. Rio de Janeiro: Forense-Universitária, 1981b [1. ed. francês 1970].
_____. *Estética da criação verbal*. São Paulo: Martins Fontes, 1997.
BEAUGRANDE, R. A. de. *Text, Discourse and Process*. London: Longman, 1980.
BEAUGRANDE, R. A. de e DRESSLER, W. U. *Introduction to Textlinguistics*. Trad. inglês do orig. alemão: *Einführung in die Textlinguistik*. London: Longman, 1981.
BENVENISTE, E. *Problemas de linguística geral*. Trad. do orig. francês: *Problèmes de linguistique générale*. São Paulo: Cia. Editora Nacional/Edusp, 1976 [ed. francês 1956].
BERNÁRDEZ, E. *Introduction a la linguistica del texto*. Madrid: Espasa-Calpe, 1992.
BROWN, G. e YULE, G. *Discourse analysis*. Cambridge: Cambridge University Press, 1983.
CHAROLLES, M. Introdução aos problemas da coerência dos textos. In: GALVES et al. (orgs.). *O texto*: escrita e leitura. Trad. Charlotte Galves. Campinas: Pontes, 1978, pp. 39-85.
_____. Données empiriques et modalisation en grammaire de texte. Réflexions à partir du problème de la cohérence discoursive. *Langue et discours*. Besançon, n. 34, 1979, pp. 75-97.
_____. Les Études sur la coherence, la cohesion et la connexité textuelles depuis la fin des anness 1960. Université de Nancy, n. 2, 1987 [cópia de inédito].
COSTA VAL, M. da G. *Redação e textualidade*. São Paulo: Martins Fontes, 1994.
COUDRY, M. I. *Diário de Narciso*. Campinas, 1986. Tese (Doutorado em Linguística) – Instituto de Estudos da Linguagem, Unicamp.
CULIOLI, A. *La Genèse du texte:* les modèles linguistiques. Paris: Éd. du CNRS, 1982. pp. 9-12.
DASCAL, M. Pragmatics and the Philosophy of Mind. *Thought in Language*. Amsterdam: John Benjamins, 1983, v. 1.
DASCAL, M. e WEIZMAN, E. Contextual Exploitation of Interpretation Clues in Text Understanding: an Integrated Model. In: VERSCHEUREN, J. and BERTUCELLI-PAPI, M. (eds.). *The Pragmatic Perspective – Selected Papers from 1985 International Pragmatics Conference*. Amsterdam/Philadelphia: John Benjamins, 1987, pp. 31-46.
FABRE, C. Des variantes de brouillon au cours préparatoire. *Études de linguistique appliquée*. Paris, n. 62, 1986, pp. 59-79.
_____. La Récriture dans l'écriture: le cas des ajouts dans les écrits scolaires. *Études de linguistique appliqueé*. Paris, n. 68, 1987, pp. 15-39.
FÁVERO, L. e KOCH, I. G. V. *Linguística textual:* introdução. São Paulo: Cortez, 1983.
FIAD, R. S. O professor escrevendo e ensinando a escrever. In: _____. *Contexto & educação*. Ijuí: Livraria Unijuí Editora, 1989, pp. 72-8.
_____. Operações linguísticas presentes nas reescritas de textos. *Revista Internacional de Língua Portuguesa*. Lisboa, n. 4, 1991, pp. 91-7.
FIAD, R. S. e MAYRINK-SABINSON, M. L. T. A escrita como trabalho. In: MARTINS, M. H. M. (org.). *Questões de linguagem*. São Paulo: Contexto, 1991, p. 55.

Franchi, C. Linguagem: atividade constitutiva. *Almanaque*, n. 5, 1977, pp. 9-27.
Fuchs, C. Eléments por une approche énonciative de la paraphase dans les brouillons de manuscrits. *La Genèse du texte*: les modèles linguistiques. Paris: Éd. du CNRS, 1982, pp. 73-102.
Geraldi, J. W. (org.). *O texto na sala de aula:* leitura e produção. Cascavel: Assoeste, 1984.
Gil, G. Meditação. In: Possi, Z. *Valsa brasileira*. Velas, 1996.
Grésillon, A. e Lebrave, A. J.-L. Les Manuscrits comme lieu de conflits discursifs. In: _____. *La Genèse du texte*: les modèles linguistiques. Paris: Éd. du CNRS, 1982, pp. 129-75.
Grice, H. P. Logic and Conversation. In: Cole, P. e Morgan, J. L. (eds.). *Syntax and Semantics*. New York: Academic Press, 1975, v. 8, pp. 41-58.
Grillo, S. V. de C. *Escrever se aprende reescrevendo*: um estudo da interação professor e aluno na revisão de texto. Campinas, 1996. Dissertação (Mestrado em Linguística Aplicada) – Instituto de Estudos da Linguagem, Unicamp.
Hayes, J. R. e Flower, L. S. Identifying the Organization of Writing Process. In: Gregg, L. W. e Steinberg, E. R. (orgs.). *Cognitive Process in Writing*. New Jersey: Lawrence Erlbaum Ass, 1980.
Heinemann, W. e Viehweger, D. *Textlinguistik – Eine Einführung*. Tübingen: Niemeyer, 1991.
Jakobson, R. Shifters, Verbal Categories and the Russian Verb. *Selected Writings*. Haia: Mouton, 1957, pp. 130-47.
Jesus, C. A. de. *Reescrita*: para além da higienização. Campinas, 1995. Dissertação (Mestrado em Linguística Aplicada) – Instituto de Estudos da Linguagem, Unicamp.
Kato, M. *No mundo da escrita*. São Paulo: Ática, 1986.
Koch, I. G. V. *Argumentação e linguagem*. São Paulo: Cortez, 1984.
_____. *A coesão textual*. São Paulo: Contexto, 1989.
_____. *A coerência textual*. São Paulo: Contexto, 1990.
_____. *A inter-ação pela linguagem*. São Paulo: Contexto, 1992.
_____. *O texto*: construção de sentidos. *Organon*, n. 23, 1995, pp. 19-25.
_____. *O texto e a construção dos sentidos*. São Paulo: Contexto, 1997.
Koch, I. G. V. e Travaglia L. C. *Texto e coerência*. São Paulo: Cortez, 1989.
Lyons, J. *Linguagem e linguística*: uma introdução. Rio de Janeiro: LTC – Livros Técnicos e Científicos, 1981.
Marcuschi, L. A. *Da fala para a escrita:* atividades de retextualização. São Paulo: Cortez, 2001.
Neves, M. H. de M. *A gramática funcional*. São Paulo: Martins Fontes, 1997.
Nystrand, M. e Wiemelt, J. When is a Text Explicit? Formalist and Dialogical Conceptions. *Text*, n. 11, 1991, pp. 25-41.
Pécora, A. A. B. *Problemas de redação*. São Paulo: Martins Fontes, 1983.
Perini, M. *Gramática descritiva do português*. São Paulo: Ática, 1996.
Possenti, S. *Discurso, estilo e subjetividade*. São Paulo: Martins Fontes, 1993.
_____. *Por que (não) ensinar gramática na escola*. Campinas: Mercado de Letras, 1996.
Rey-Debove, J. Pour une lecture de la rature. *La Genèse du texte:* les modèles linguistiques. Paris: Éd. du CNRS, 1982.
Serafini, M. T. *Como escrever textos*. Trad. Maria Augusta Bastos de Mattos. São Paulo: Globo, 1989.
Silva, L. L. M. da. *Mudar o ensino de língua portuguesa*: uma promessa que não venceu nem se cumpriu mas que merece ser interpretada. Campinas, 1994. Tese (Doutorado em Educação) – Faculdade de Educação, Unicamp.
Sommers, N. Revision Strategies of Students Writers and Experienced Adult Writers. *College Composition Communication*, n. 31, 1980, pp. 378-88.
Van Dijk, T. A. *Estructuras y funciones del discurso:* una introducctión interdisciplinaria a la linguística del texto y a los estudios del discurso. México/Espanha/Argentina/Colômbia: Siglo Veintireno Editores, 1980.
_____. *Studies in the Pragmatics of Discourse*. Berlin/New York: Mouton, 1981.
_____. Análise semântica do discurso. In: Koch, I. G. V. (org.). *Cognição, discurso e interação*. São Paulo: Contexto, 1985.
_____. Cognitive Contex Model and Discourse. In: Stamenow, M. (org.). *Cognition and Consciousness*, 1995.
Van Dijk, T. A. e Kintsch, W. *Strategies in Discourse Comprehension*. New York: Academic Press, 1983.
Weinrich, H. *Le Temps*. Trad. francesa do original em alemão *Tempus*: Besprochene und Erzählte Welt. Paris: Du Seuil, 1973.

A AUTORA

Eliana Donaio Ruiz é doutora em Linguística pelo IEL da Unicamp. Atualmente é professora da Universidade São Francisco, em Itatiba – SP, onde atua em disciplinas que tematizam a linguagem, a leitura e a escrita, bem como seu ensino. Como pesquisadora, tem interesse por questões ligadas à Linguística Aplicada, ao ensino-aprendizagem de línguas, à formação do professor e ao ensino a distância. Em sua tese de doutorado dedicou-se ao estudo da correção de redações na escola, ou seja, das diferentes formas de intervenção que o professor faz por escrito no texto do aluno e seus efeitos no aprendizado da escrita, o que deu origem a este livro.

GRÁFICA PAYM
Tel. [11] 4392-3344
paym@graficapaym.com.br